若者の「生の声」から創る

SHIBUYA 109式 Z世代マーケティング

SHIBUYA109 lab. 所長
長田麻衣
Mai Osada

プレジデント社

はじめに

私たち「SHIBUYA109エンタテイメント」のマーケティング部門である「SHIBUYA109 lab.」の活動基盤には、常に、「若者に徹底的に向き合い、若者と同じ目線で物事を捉える姿勢」があります。そして私が、株式会社SHIBUYA109エンタテイメントに入社してから1日たりとも休まずに継続している最も大事な活動は、毎月200人の「around20」（15〜24歳≒Z世代）に直接会って話を聞くことです。

例えば、商業施設「SHIBUYA109」の館内に自ら立ち、来館しているaround20に片っ端から声をかけて、彼らの興味関心ごとや好きなことをヒアリングしています。また、週に1回は必ずグループインタビューを実施し、彼らの本音に耳を傾けています。とにかく生の声をたくさん聞くことを徹底的に行っています。

私はこの「生の声」が、マーケティング活動において非常に重要だと感じています。ビッグデータを活用すれば、顧客に関するデータが取得できる時代なので、世の中と逆行していると思われる方もいるかもしれません。

しかし私は、若者に関するマーケティングデータを集めていく過程で、定量的な情報だけでは彼らと同じ目線で物事を見ることは実現できないと思い至りました。

端的な事例を一つ挙げて説明します。例えば、今の若者にアンケートで「好きなファッションブランド」について聞くと、定量的に最も多い回答は「特になし」になります。

回答だけを見ると、今の若者はファッションに興味がないのでは?!と思うかもしれません。しかし、実際に彼らに直接ヒアリングをしてみると、「ブランドにこだわりはないけど、オシャレは大好きで、いろんなファッションテイストを楽しんでいる」という実態が見えてきます。彼らが一番大事にしているのはブランドではなく、複数のファッションテイストを場面に合わせて使い分けながら楽しむことなのです。

もちろん回答してくれた若者たちに会ってみると、みんな、全力でオシャレを楽しんでいて、ファッションに興味がないようにはとても見えません。そして、そんな彼らに時間やお金をかけていることを聞いてみると、ファッションではなく「ヲタ活」と答え、好きなアイドルやアニメについて目をキラキラさせながら意気揚々と語ってくれます。若者だけでなく、細分化・多様化が進む社会において、生活者の実態やインサイトを正しく捉えるには、定量データからは見えないこの絶妙なニュアンスや熱量を生で感じることが、非常に重要だと私は考えています。

私は入社してからの約5年間、合計でおよそ1万人のaround20と向き合ってきました。彼らのふとした言動には、多くのインサイトが隠れています。

いつの世も若者は、近い未来には当たり前になっていく最先端の感覚を持っています。ただ残念なことに、彼らは時代の変化の荒波を乗り越えて進む船の舳先《へさき》に立っているため、船尾や船室にいる人には縁遠く、理解されにくい面もあり、得てして若者は揶揄される対象になりがちです。

しかし、実際に彼らと向き合ってみると、彼らの価値観に共感できる部分も多々あります。年上の世代が窮屈に感じていた感覚から解放された自由な発想には、希望すら感じられました。ですから皆さんには、若者たちは自分とは違う価値観を持つ別の人間だと決めつけないでほしいと思っています。彼らと触れ合うことを諦めたり、距離を置いて斜めに見たり、上から観察するようなことは避けていただきたい。ぜひ同じ目線で向き合ってみてください。

この本では、around20の世代、すなわち、昨今「Z世代」と呼ばれる若者たちの生の声を基に、彼らの考え方や行動の背景にある価値観を読み解きます。彼らの声に先入観を持たずに耳を傾ければ、ある種、異星人かのように扱われてしまうこともある「Z世代」に対して、共感できる考え方やライフスタイルも感じていただけるかもしれません。それだけでなく、未来の当たり前やビジネスのヒントが想像以上に溢れていることに気づくはずです。本書がその気づきの一助となることができたなら、幸いです。

2023年3月

SHIBUYA109 lab. 所長　長田麻衣

目次

第3章

消費行動における4つの価値観

第1章

Z世代のリアル

生まれ育った時代と環境

キーワードは、不安とデジタル

「現代用語の基礎知識」選2021ユーキャン新語・流行語大賞トップ10に入ったことで、広く世間に知られるようになりましたが、若者世代を表すワードとして、「Z世代」という呼称をよく聞くことと思います。

「Z」と呼ばれる由来や、そこで規定される年齢については諸説ありますが、おおむね1996年以降～2012年頃までに生まれた人たち（2023年現在、11歳前後～27歳までの男女）を指しています。Z世代は、世界的に見ると人口の3分の1を占めるため、5年後、10年後の消費の中心を担うプレーヤーとなることを見据え、様々な業界から注目が高まっています。

東急グループの商業施設「SHIBUYA109」を運営する「SHIBUYA109エンタテイメント」のマーケティング部門である私たち「SHIBUYA109 lab.」は、SHIBUYA109がターゲットと定めている「around20」という15歳から24歳の若者を、マーケティングの調査対象としています。つまり、今の時代のaround20は、ほぼZ世代と年齢層が重なっています。そのため、今やSHIBUYA109 lab.は、Z世代を研究対象とする、日本でも希少なチームといえるのかもしれません。

そんな私たちが、幾多の若者インタビューから見出した、Z世代の価値観を捉える際のキーワードは「不安」と「デジタル」です。

彼らの生まれ育った時代背景を改めて眺めてみると、実に様々な〝大事件〟の中を生きてきたことが分かります。

1996年生まれのZ世代を例に見てみましょう。彼らはバブル崩壊後に生まれ、5歳の頃にITバブルの崩壊、中学校に入学する頃にリーマンショックが起こりました。そして高校入学の前後に東日本大震災を経験。その他も熊本地震や西日本の豪雨など、様々な自然災害を目の当たりにしています。そして大学卒業後、社会人2~3年目のときに、新型コロナウイルス感染症拡大により生活環境に大きな変化が起きました。生活や価値観の変わり目をたびたび経験せざるを得なかった、「イイことナシ」の時代だったといえるでしょう。

団塊の世代、しらけ世代、新人類、バブル世代、ゆとり世代……等々、戦後生まれの若者は、その生きた時代によって数々のネーミングで呼ばれてきましたが、思春期の真っ只中に、これだけ大きな社会的な災厄に何度も出くわす体験をしている世代は、かなり稀有な存在といえるのではないでしょうか。

生まれたときにはデジタル環境が確立していた世代

次に、デジタル環境についても見てみましょう。彼らが生まれた頃には、既にデジタル環境は整備され、誰でも簡単にネット世界にアクセスできる状態になっていました。

デバイスにおいては、1995年頃にPHSのサービスが開始され、1999年にはカメラが内蔵された携帯電話も登場。2008年にiPhoneが日本で発売され、4年後の2012年にはスマートフォンの世帯普及率が50%と急速に普及しました。

デバイスの進化によって、電話やメールだけでなく、写真・動画の撮影やビデオ通話・高速通信も実現され、個人のデバイスの中で簡単にデジタル加工が行えるようになりました。

Z世代の中には、いわゆる〝ガラケー〟をギリギリ経験している子もいれば、初めて持つデバイスがスマートフォンであるということも少なくありません。1人1台、自分専用のデバイスを所有することが当たり前の環境であるということです。

では次に、SNSについて見ていきましょう。1999年には無料ホームページ作成サイト「魔法のiらんど」のサービスが開始され、個人が自分のサイトを持ち、自由に情報発信できる環境が生まれました。その後さらに、個人の情報発信の場は増え、2004年頃には「アメーバブログ」や「mixi」「前略プロフィール」などで、デジタル上でのコミュニケーションが活発になりました。

今のインフルエンサーの先駆けとなるブロガーも登場し、TVで活躍する有名人だけでなく、一般人が一般人の参考にされるムーブメントが起こり始めたのもこの頃からです。

そして、「Twitter」は2006年、「YouTube」は2007年、2011年には「LINE」、2014年には「Instagram」というふうに、今Z世代の生活の中心に根付いているSNSが次々と登場しました。さらに2019年には「TikTok」の日本版サービスが開始され、私たちを取り巻くSNS環境は、ますます急速に変化しています。

Z世代がちょうど中学生から高校生の頃である2015年〜2019年の約5年間はTwitterやInstagramなど、現在も多くの人が利用しているSNSの他にも、「Vine」や「musical.ly」など、多くのSNSサービスが展開されていました。彼らは新しいSNSが登場する度に利用し、それぞれのプラットフォームの中でトレンドを生み出しました。しかし全てのSNSが生き残ることはできず、中には時代の変化の荒波にさらされ、淘汰されてしまうものも少なくありませんでした。

Z世代は様々なSNSの進化と並走してきました。彼らは群雄割拠のSNS戦国時代を賢く生き抜いてきた〝SNSネイティブ〟なのです。

彼らは日常生活の中でSNSを情報収集の場として活用していますが、同時にSNS上でコミュニティを形成し、そこでコミュニケーションを取り合うことも欠かせない日常的な行為となっています。

まとめ

Z世代が生きてきたのは、不安定かつ不安の時代です。言い換えれば、「正解」というものがない時代でもありました。そして彼らはデジタル環境が目まぐるしい勢いで変化・成長する荒海を乗り越えてきました。

このような環境に生まれ育ったことは、彼らにどんな影響を与えたのでしょうか。人の価値観というものは、その人が生きてきた時代に醸成されます。特に、around20の時期に得た価値観は、期間限定ではありません。以前、弊社の前社長から、「若い頃にバブルを経験した私たちの世代は、消費が美徳だった。今でもその感覚が残っていて、ついつい爆買いをしてしまう」という話を聞いたことがあります。

消費の自己裁量権を獲得し始める時期である20歳前後に身についた感覚は、10年後、20年後になっても、心の奥底に留まり続けているようです。これはZ世代も同様であると、私は考えます。

時代が醸成した価値観

地に足が着いた現実的な状態を重視する姿勢

ここまで、Z世代の生い立ちを時系列にお伝えしてきました。これまでの世代がそうであるように、生まれ育った時代背景と取り巻く環境は、彼らの価値観に、非常に大きな影響を及ぼしています。

前項でお伝えした通り、Z世代の価値観を捉える際のキーワードは「不安」と「デジタル」です。この2つのキーワードは共鳴し合い、彼らの価値観を醸成しています。

先述した通り、Z世代は経済・社会情勢において非常に不安定な状況下に生まれ育っています。不況がデフォルトであり、常に5年後10年後がどんな世界になっているのかは、まるで見通しが立たない。「こうやって生きていくのが安泰である」というような、これまでの時代に有効だったロールモデルも崩壊しました。時代の不確実性はどんどん高まり、何が正解なのか誰にも分からない世の中です。この時代背景は彼らの生き方にも非常に大きな影響を及ぼしており、特に就職・就業には顕著に表れています。

ここからは、SHIBUYA109 lab. のこれまでの活動の中で知り得たZ世代の生の声を交えながら、彼らの価値観を解説します。

Z世代は、常に何が起こるか分からない不安定な今の世の中において、絶対的に約束された未来があるわけではないということをイヤというほど理解しています。

だからこそ無謀なチャレンジはなるべく避けつつ、どんな世の中になってもなんとかなる選択を求めながら、慎重に、かつ早期から将来を考えているケースが非常に多く見受けられます。私たちはLINEで、1000人ほどのaround20と繋がっており、中には具体的な進路について相談してくる人もいます。

あるとき、高校生の女の子から、こんな相談を受けました。

生の声

今、高校1年生だけど、大学卒業後の就職が心配だから相談したい……。大学を卒業した後に、できればファッション業界で、長田さんたちがやっているようなマーケティングの職種に就きたいんですけど、大学の学部を選ぶときにはどうすればいいですか？

高校に入学して間もなく、これから学園生活を謳歌するであろう子が、既にかなり具体的に、大学の入学・卒業を飛び越えた先にある就職の心配をしていることに、私は驚きました。皆さんが高校時代に進路を考えた際のことを思い出してみてください。将来やってみたい仕事がぼんやりとあって、「理系か文系か」や「大学か専門学校か」を選ぶくらいだったのではないでしょうか。

Z世代はかなり現実的です。失敗しない選択をするために早い段階から準備を進めている様子も見られています。「現実的」というと、少しドライな印象を持つかもしれませんが、これも夢を見にくい世の中を目の当たりにしてきたからこその感覚です。

また、別の機会に大学1年生へのインタビューにて、その学校を選んだ理由を聞いてみたところ、こんな言葉が返ってきたことがありました。

生の声

手に職をつけておいた方が良いかなと思っていたので、取得できる資格の幅が広い大学を選んだ。

就活生の実態を聞いてみても、「専門性の高い職種」や「安定している職業・企業」というワードを発する方は多いのですが、これは、自分が不利な状況に陥ったときに、なんとか「食いっぱぐれのない状況」を選べるための備えを求めていることの表れでしょう。

実現できる確度が高い目標を置く

時代の流れは、彼らの将来に関する選択以外にも影響を及ぼしています。例えば、ファッションやメイク、生き方などに関して、自身のロールモデルにしたい憧れの人や、参考にする人においても同じことが起きています。

生の声

参考にしているインフルエンサーは○○ちゃん。友達の友達とか、他校の友達くらいの感覚で見てる。

読者の皆さんが彼らと同じ十代・二十代の頃に憧れていた、あるいは参考にしていた人は誰でしたか？　芸能界でキラキラ輝いていたモデルや俳優、アーティストでしたか？　もしかしたら海外のスターだった、という方もいるのではないでしょうか。

自分では到底手の届かない人かもしれないけど、少しでも近づけるといいな……と、ファッションや髪型をマネしたりしたのではないでしょうか。そしてそれはあなただけでなく、周りの人も同じ人に憧れていたのではないでしょうか。つまり、多くの人が憧れる、分かりやすいアイコンが存在していたというわけです。具体的には、例えば松田聖子さんや安室奈美恵さんなどは、その時代のアイコンとなっていたと思われます。

ライフスタイルにおいても、かつては、良い会社に勤めて30歳までに結婚して子供を産んで……というような、「こう生きること=成功」という、多くの人が支持する人生のロールモデルも存在していました。しかし今、Z世代に、「憧れる人・参考にしている人」を聞いてみると、全員が異なる回答をします。こうした価値観の多様化・細分化は、Z世代から突然に始まったわけではなく、かなり以前から進んでいましたが、今やそこからさらに〝超多様化〟していると思われます。実際、「この人がこの時代のアイコン。全若者の憧れの的だ！」と言い切れるほどの人は、正直言って、見つかりません。言い換えれば、ＳＮＳを中心に情報環境が発達し、様々な価値観が共有されるようになったことで、社会共通で「こういう状況であること＝成功」といえるような、目指すべきロールモデルとなる人や状態が見つけにくくなっているのです。

しかも経済においては常にネガティブな状況が続き、何が起こるのか分からない、まさに一寸先は闇の世の中。ずっと不況の時代を生きてきた彼らは、ここから劇的に経済が上向きになることもあまり期待していません。

だから、「憧れる人・参考にする人」についても、手の届かない遠い存在ではなく、「ちょっと頑張れば実現できるかも」と思わせてくれる人であることが、第一の条件となります。つまり、現実的な目標になる、手の届く範疇にいる人であることが重要なのです。

憧れの人も複数持ちで、リスク分散

Ｚ世代は、「憧れる人・参考にする人」に限らず、実現可能な範囲で〝頑張りすぎずに〟到達できる目標を置く傾向にあります。

生の声

憧れの人としては、メイクはインフルエンサーのAちゃん、ファッションはBさん、考え方はCさん。

これはSNSで多くの情報に触れることができ、選択肢が多いからこその発言でもありますが、同時に参考にする人を複数持つことで、リスク分散をしているとも受け取れます。実は、Z世代の消費行動の原則を読み解くためのキーワードの一つに、「分散」というものがあるのです。

SHIBUYA109 lab. の調査で、今の若者は収入源に関して、平均2・2種類を保有している結果が出ています（※1）。アルバイトも一つの勤務先だけでなく複数を掛け持ちしている事例がありました。その他にも、ポイントやフリマアプリの活用も一般的になっています。複数の収入源を求めるようになったきっかけとして、グループインタビューでは、「焼き肉屋で働いていたが、コロナ禍の影響でシフトに入れなくなり、イベントスタッフの仕事を始めた」など、コロナ禍の影響を挙げる回答が複数ありました。

生の声

コロナ禍を経験して、一つの仕事がなくなったときに別の手段があればいいと思った。

さらに、このような価値観は将来の仕事観にも影響しています。

グループインタビューにて「(社会人になってから) 副業をすること」に対する意向をヒアリン

グしたところ、参加者全員が意欲を示しました。具体的には、「一つの仕事だけじゃなく、他のスキルも身につけるために副業がしたい」「収入源を分散したら新鮮味もあるし、働く場所も選べる。リスクも分散できそう」などのように、今後も収入・スキルともに複数に分散して獲得し、リスクを避けようとする傾向が見られています。SHIBUYA109 lab. の過去の調査でも、Z世代は「失敗したくない」という気持ちが強く、リスクを分散させる傾向にあることが分かっており、収入・スキルともに「分散」志向なのはZ世代ならではの特徴ともいえるでしょう。

時代の流れに適応するスキルが高い

また、社会の荒波に揉まれながらもサバイブしてきたZ世代には、状況に適応する能力が高いということを示す事例も多く見受けられます。

生の声
コロナ禍はお出かけできないのがストレスだけど、おうちカフェが楽しい。

生の声
推しに会えなくなったけど、その分、家で手作り推しグッズを作ることにした。

2020年、新型コロナウイルス感染症拡大により、全世界においてあらゆる生活環境が大きく変化しました。もちろんZ世代の生活も一変しました。そこで私たちはコロナ禍における彼らの生活の変化を確認するべく、1年間の定点インタビューを実施しました。学校の授業がオンラインに切り替わり、アルバイトもできないなどの状況ゆえに、精神的に辛い思いをしているZ世代も少なくありません。

しかし一方で、その状況をただ嘆くだけではなく、かなりの数の人が、ポジティブにその状況に適応しながら新しい楽しみ方を見出していました。

例えば、コロナ禍で外出制限が続いたことで、大好きなカフェ巡りができなくなったときには、カフェで食べるようなスイーツを自ら手作りして再現して楽しんでいました。またコンサートも中止となり、推し（応援しているアーティストやコンテンツ）に会えない日々が続きましたが、手作り推しグッズを作ることで愛を育みました。カフェに行けない、推しに会えない状況に対し、元に戻るまでその場で待つのではなく、自分たちで代わりになる楽しみ方を生み出していきます。〝未曾有の事態〟が頻発する中で生きてきた彼らは、良くも悪くも、誰かに助けてもらうことをあまり期待しておらず、時代に自分を素早く適応させるスキルに長けているのです。

本質を重視し、「そもそも」を問う姿勢

Z世代が生きてきた時代は、「こういう状況であること＝成功」といえるような、社会共通で目指されるロールモデルとなる人や状態がない、いわば正解のない時代です。

逆に、正解がある時代＝足場がしっかりとある時代を生きてきた人は、「こうあるべきだ」に準じることができます。時代の流れの中で、その正解がだんだん揺らぎ出し、疑問を持ち始めたとしても、それまで正解とされていたものを追いかけ続けることが、そんなに不自然ではありませんでした。その正解が多くの人にとっての正解であるうちは、安心を得ることができたのかもしれません。

しかし、Z世代が生きているのは、まさに足場がない時代ですから、彼らにとっては、確実に安心できる正解はありません。そして、これまで正解とされてきた事柄に対しても疑問を感じ始めています。こうして彼らは、否応なく、様々な物事に対して「そもそも」を問う術を身につけてしまったと言っていいでしょう。

例えば、近年話題になっているブラック校則も、その一つの例です。

生の声

そもそもなぜこんな校則があるんだろうって思う。校則が正しいとは限らなくない？

ブラック校則とは、髪型や服装・登下校時などのシーンにおける理不尽・不合理な校則のことです。中には下着の色の指定など個人の尊厳を無視したような内容もあり、社会問題にも発展しています。最近は生徒が学校に申し立てを行い、学校と対話をしながらブラック校則を撤廃するという動きも増えています。

校則は学校の長い歴史の中で作られたルールです。これまでこれらに疑問や不満は持ったことはあっても、異議を唱えて変えていこう、と考えた人はいたでしょうか?

先生に「ルールはルールだから」と頭ごなしに怒られ、従っていた……というよりも、従う以外に選択肢はなかった学生時代の記憶がある人は、意外と多いかもしれません。しかしZ世代は、このような状況に対し、前提を疑うことができます。「なぜ」この校則が必要なのかに始まり、そして「こうあってもいいんじゃないの?」という形で選択肢を広げ、多様な価値観に対応していくことも視野に入れて「そもそも」の再定義を求めているのです。

生の声

お酒の席のお酌とかって、そもそも本当に必要なの?って思ってしまう。

学校の中だけでなく、社会人としても同様の傾向があります。仕事を進める上で、「いいからやれ」ではなく、「なぜこの業務が必要なのか」を重視し、モチベーションにしていることも多々あります。「そもそもこの業務、今のやり方以外にもっと良い方法があるのでは?」など、業務の効率改善も視野にあります。

Z世代より年上の世代からすると、このような若者に対して、「文句が多い!」とか、「合理性を重視しすぎていて冷たすぎる!」という印象を持つかもしれません。しかし誤解しないでいただきたいのですが、彼らは上の世代の方々の価値観を否定したいわけではなく、もう一度改めて考えてみようよ、という「問い」を投げかけているだけなのです。

実際、私自身も彼らの言葉にハッとさせられることも多いのです。「よくぞ言ってくれた！」と共感することもあります。「前提を疑い、時代に合わせてアップデートしていく」彼らの姿勢には、多くの見習うべき点があるのです。

地球も自分もハッピーに。社会課題は自分たちが解決すべき課題

「そもそも」を問うZ世代の志向は、社会課題と向き合う際に端的に表れてきます。

近年、持続可能でより良い世界を目指す国際目標であるＳＤＧｓへの注目が高まり、様々な企業で活動が活発化しています。その中で社会問題の解決に関して、Z世代の活動がフォーカスされ、報道されることも増えました。

私たちもここ数年「社会課題」をテーマに若者にインタビューをする機会が増えていますが、「次の世代のためにも取り組むべきテーマである」という言葉が自然に出てくることが多いのが特徴です。

生の声
今ある社会課題は私たちが未来の子供たちのために解決していかないといけない課題だと思ってる。

エコバッグやマイボトルはSDGsへの意識の高さの象徴

なぜZ世代は、社会課題の解決に対して積極的なスタンスなのでしょうか。

一つの背景としては、彼らは、地球温暖化による猛暑などの異常気象や、ゲリラ豪雨や大雨土砂災害など、幼い頃から未曾有の災害を身近に目の当たりにしながら育ってきたことが挙げられるでしょう。

また、これらの社会課題について、今やごく普通に、学校教育の中でも取り扱われています。中には受験の小論文のテーマが環境問題だったりするケースもありますし、大学で環境問題に関する学科に進んだりすれば、インプットだけでなく、アウトプットする機会も増えていきます。さらには、ＳＮＳを介して様々な社会課題の情報や、当事者の声や意見に頻繁に触れている現状もあります。

結果として、環境問題以外に、ジェンダーや人権問題なども、身近な課題であるという認識を培うことに繋がったことは想像に難くありません。

生の声

地球もうちらもWin-Winになるご飯を選ぶのが友達の間で流行ってる。

これは、トレンドの食をテーマに高校生を対象に実施したインタビューで出た言葉です。サステナブルや社会課題などの文脈とは全く関係なく、「今みんなの周りで流行っている食べものって何?」という問いに対して返ってきた、トレンドに敏感な一人の女子高生の回答でした。

Z世代に限らず、社会課題への様々な企業の取り組みも増えています。SDGsが世の中のトレンドになっていることにも起因していますが、このような会話が高校生の間で自然に発生していること自体に、Z世代にとって社会課題が意外と身近なテーマであることがうかがえます。

もちろん、Z世代全員が社会課題に対して関心が高いというわけではありません。しかし、実際に彼らと話していると、彼らが「サステナブル」や「ソーシャルグッド」という言葉を発する際は、かっこつけているとか無理やりやってる感は全くありません。自分たちが取り組むのは義務である、というぐらいに思っている人たちが非常に多く、世の中のルールとして染み込んでいるのです。社会課題に対する身近さや、「なんとかしないと!」という気概については、上の世代よりも強い様子が見受けられます。

生の声

サステナブルも大事だけど、自分が思う「かわいい！」が叶わないなら意味がない。

ここまでZ世代の社会課題に対する意識の高さについて解説しました。しかし、彼らの社会課題に対する意識が即、「消費」や「具体的なアクション」に繋がっているかというと、それはそんなに単純な話でもありません。意識と行動は少し切り離して考える必要があります。実は、彼らが具体的なアクションを起こすに至るまでには、高いハードルがあるのです。

例えば、消費においてのハードルとしては、価格とデザイン性が挙げられます。サステナブルなアイテムは、価格がやや高いこともあり、その多くがまだ学生であるZ世代にとっては、少し手を出しにくいのです。また、デザイン性についても彼らの嗜好にフィットするものが少なく、「サステナブルを優先しすぎて、自分が楽しくないのは本末転倒……」と感じられてしまっています。あくまで、地球も自分もWin-Winであることが購買の前提条件とされているのです。正直なところ、社会課題への意識が具体的な消費やアクションに結びついているZ世代は、まだほんの一握りでしょう。このギャップが埋まるのは、彼らが安定した収入を得るようになる5年後、10年後になると考えています。

今後、彼らが社会人になり、安定した収入を得るようになったとき、価格もデザイン性も両立された商品が出てくれれば、消費行動は活発になるかもしれません。

生の声

社会課題について関心はあるけど、あんまり詳しくないから発信はできないかも……。

消費行動の側面だけでなく、「自分が社会課題に対してこう思う!」とSNSに投稿することにも、慎重な姿勢が見受けられます。

社会課題が身近なZ世代にとっても、「まだまだ気軽に話せる話題ではない」という声はよく聞かれますし、「知識が豊富なわけではないから、誰かに間違いを指摘されたりしたら怖い……」と、周りの目を気にして、遠慮している様子も見られます。

Z世代におけるSNSの影響については、後ほど詳しく解説しますが、彼らは周りの目を常に気にしており、自分を主語にして意見を主張することを避けたがる傾向にあります。特に、社会課題はセンシティブな内容でもあるため、より慎重になっているのです。

多様性は受容するものではなく、当たり前に存在するもの

ここまで、主にZ世代の環境問題への関心を取り上げましたが、実は彼らにとって最も身近で、早急に解決したい社会課題とは、人種やジェンダー平等に関するものなのです。

実際に、Z世代400人を対象に2022年8月に実施した調査(※2)において、SDGsの目標17項目の中で「日本がより力を入れて取り組むべき課題と思うものは?」という問いに対して、

日本がより力を入れて取り組むべき課題と思うものは？

（複数回答）

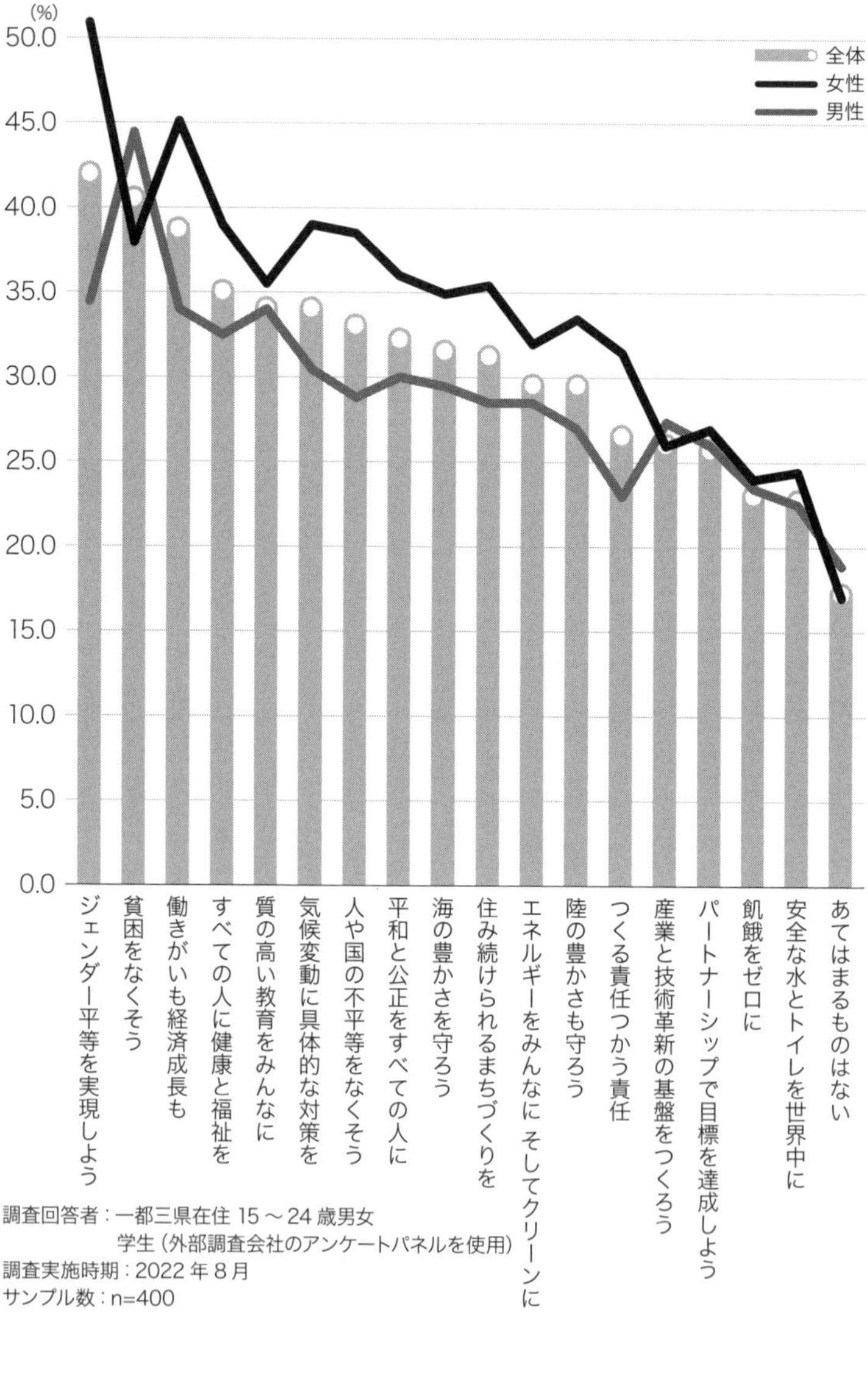

調査回答者：一都三県在住 15～24 歳男女
学生（外部調査会社のアンケートパネルを使用）
調査実施時期：2022 年 8 月
サンプル数：n=400

最も回答が多かったのは、「ジェンダー平等を実現しよう」でした。

生の声
誰かを否定すること自体が時代錯誤だと思う。特に人種・性差・セクシャリティに対する差別は論外！

そもそも多様な考え方が存在する社会なのだからこそ、誰かを否定することに対して違和感を持っているのです。

また、私たちは毎月100人にヒアリングし、トレンドレポートを作成しているのですが、2020年6月のレポートでは、当時アフリカ系アメリカ人に対する警察の残虐行為をきっかけにアメリカで始まった人種差別抗議運動に関するハッシュタグ「#blacklivesmatter」の話題が取り上げられ、当時のインタビューでは、「友達が黒い画像だけをInstagramのストーリーズに投稿している時期があった」という声も出ていました。

他にも、とある区議会議員のLGBTQ＋に対する差別発言について、Z世代が支持するインフルエンサーが非難する投稿が話題になるなど、人種や性的指向に対する迫害や差別に対して、特に注目度が高い様子がうかがえました。

なぜかというと、答えはとてもシンプルです。彼らにとって最も想像しやすい、身近な課題であるからです。

生の声

LGBTQ＋の友達も身近にいるので、なぜ差別が起きるのかそもそも疑問。周りの友達も理解があるから、差別が起きることはない。

SNS上でも、LGBTQ＋当事者であることや、彼らへの支援をすることを公表しているインフルエンサーも非常に増えていることも影響しています。いくつかのインタビューの中でも、「アリアナ・グランデがずっと大好きで、最近出しているアルバムのテーマが、〝ジェンダーなんて関係ない〟だった。アリアナ自身が発信していることにすごく影響されて、LGBTQ＋に関しても自分と違う、という感覚ではないと思うようになった」という声も聞かれ、自分たちの身近な人や応援している人が意志を表明することが彼らの考え方にも影響していると分かります。

生の声

単なる性的指向でしかなく、その人のパーソナリティは別にある。身体的な構造面とは分けて、精神的な部分はグラデーションだという見方が大事だと思う。

また、身近にLGBTQ＋の友達がいるということも、さらに身近に感じる理由のようです。Z世代にとって、性的指向だけでなく、様々な物事において多様な価値観・嗜好が存在することが当たり前です。「性別」や「性的指向」などに旧来の固定観念があること自体に違和感を持っており、固定観念に囚われてその人らしさを否定することはかっこ悪いし、時代錯誤と感じています。

生の声

親に「女の子なんだから家事しなさい！」って言われる。お兄ちゃんはしてないのに。どうして？

またジェンダーの問題を身近に感じる理由は、もう一つあります。それは周囲の影響だけでなく、自分自身にも関わる問題であるからです。２０２１年５月に実施した「ジェンダーに関する調査」（※３）において、日常の中でジェンダーやＬＧＢＴＱ＋に関連して、違和感を持ったシーンや言葉に触れることがあるかと質問してみたところ、約６割が「ある」と回答しました。

調査の際に自由回答で具体的なシーンを聴取したところ、「男のくせに泣くな」「女子力高いね」「恋人の有無を聞くときに、彼女（または彼氏）いる？と聞かれること」など、ジェンダーの固定観念に囚われた発言に違和感を持つという意見が多く挙げられています。

なお、同調査で今後、世の中のスタンダードになってほしいと思うことを聞いたところ、「男らしさ、女らしさなどではなく、自分らしさを認めてくれる社会（52・３％）」「決めつけや固定観念や偏見で判断されない社会を目指したい（45・９％）」など、性別や見た目などに囚われず、「個人」を認め合うことを望む意見が多く見受けられました。

正解がない世の中で、本質を問う姿勢があるＺ世代。彼らが望むのは、多様性を前提とした、地球も人もＷｉｎ-Ｗｉｎな、みんなが生きやすい社会なのです。

まとめ

ここまで、「不安」を感じることの多い時代を生きてきたZ世代の価値観について解説してきました。彼らは、将来について考える時期を前倒しにしています。憧れの対象も複数持つことでリスク分散をしながら適応能力を磨き、時代の変化に素早く対応していく強さを持とうとしています。

こうすることで、世の中がこの先どうなったとしても常に「地に足が着いた状態」を保てるよう努めています。

また、彼らは正解が正解でなくなる世の中をそのまま受け入れているわけではありません。SNSを中心に様々な価値観に触れる機会を多く持っています。その中で、世の中のルールや価値観の在り方をアップデートしていく必要性をより強く実感し、体現しているのです。

そして地球や未来の子供たちなど、他者に対する責任感を持ち、「自分だけでなくみんなでハッピーになっていくためには？」という優しい思考を持ち合わせています。

彼らの内面には、不安な世の中をたくましく生き抜いてきたことで、強さと優しさを持つ意識も育まれていたのです。

第2章

デジタル世界との濃密な関係が生み出す変化

SNSによるコミュニティの変化

リアルもデジタルも〝リアル〟

ここからは、デジタル環境によって培われたZ世代の価値観についてお話しします。前章でも少し触れていますが、生まれたときから存在するデジタル環境、特にSNSの存在は、Z世代の価値観に非常に大きな影響を及ぼしています。

SNSが当たり前に存在することで生じた彼ら特有の価値観は、3つの観点から論じることができます。それは、「コミュニティ」「コミュニケーション」、そして「自分らしさ」です。またデジタル環境（オンライン）が、より身近であることから、オフライン——日常生活の位置づけも変化しています。

生の声

お店で買うか、通販で買うかはそれほど意識してない。

ビジネスの世界では、デジタル（オンライン）とリアル（オフライン）の世界を融合、または繋げていこうとする動きがありますが、Z世代からすると、あまりピンときません。

なぜなら、彼らはそもそもデジタルとリアルを別々の存在と捉えておらず、意図的に融合させる必要などないからです。生まれたときから進化したデジタル環境が整っている彼らにとって、オンもオフも、その両方ともが〝リアル〟なのです。消費行動やコミュニケーションにおいても、シームレスに行き来しています。

生の声
Aちゃんとは SNSで知り合いました。

生の声
顔も年齢も知らないけれど、SNSで繋がっている友達がいます。

ところで、皆さんは、これまでどのように友達を作りましたか？　おそらくは、学校や習い事、職場など、オフラインでの接点がきっかけで交友関係が生まれたケースがほとんどなのではないでしょうか。そしてSNSを利用する主な目的は、有名人などを除くと、オフラインで接点がある友人・知人のフォローであり、SNSでも繋がることで、既に交友関係のある人の近況を知り、コミュニケーションを取る場としているのではないでしょうか。

先の生の声は、私たちがSHIBUYA109渋谷店の館内で毎月実施している来館者ヒアリングの際によく出てくるフレーズです。複数人で来館している若者たちに声をかけることが多いのですが、その際には必ず彼らの関係性を聞くようにしています。「学校の友達」「バイト先の同僚」など、様々な組み合わせが見られます。中には「SNSで知り合った友達同士」と答えるグループもあります。毎月約50組ほどに声をかけますが、そのうちおよそ10組はSNS経由で知り合ったグループです。特別に異質ではなく珍しい組み合わせでもありません。このように、Z世代にとっての友達作りの場は、オフラインだけでなく、オンライン（SNS）にも拡大しています。

彼らはSNS上で共通の趣味やマインドを持つ人を見つけ出し、友達になります。友達作りには主にハッシュタグが活用されています。

例えば「#◯◯好きさんと繋がりたい」という定番のハッシュタグがありますが、この他にも「#わーーーージャニヲタさんと繋がるお時間がやってまいりました。いっぱい繋がりましょ」や「#世界一ｈｉレベルな女と繋がりたい」「#片目界隈」（「界隈」については第4章参照）といった、人と繋がることを目的とした、多くのキーワードが生まれています。これらは全て、同じモノ・コトが好きな者同士でしか知りえない合言葉であることも特徴です。

こうして繋がったSNSの友達とは、SNS上でのやり取りのみに留まっていることもあります。しかし、先ほどの SHIBUYA109 館内に遊びに来ている子たちのように、オフラインで会って遊ぶこともあるのです。

また、彼らのSNS友達は住んでいる場所も様々です。他の都道府県に住んでいたり、海外に住んでいたり……等々、居住地や国境を越えて繋がり、関係を築いているケースも見受けられます。

SNSによって彼らのコミュニティの可能性がどんどん広がっているのです。

生の声

学校の友達と共通の趣味はないけど仲良し。趣味の話はSNSの友達としてる。

コミュニティがオンラインにも拡大したことで、オフラインのコミュニティにも変化が生じています。

皆さんの学生時代を思い出してみてください。おそらく学生の頃は、部活やクラスなどの学校のコミュニティが絶対であり、そこでのキャラクターや立ち位置が自分の全てだったでしょう。そして、仲良しグループは趣味や好きなアイドルが一緒など、何かしら共通点があり、その話題を軸に日常の話題が盛り上がっていたのではないでしょうか。

Z世代はというと、学校で日々一緒にいる友達は必ずしも共通の趣味があるわけではありません。例えば、こんな具合です。

生の声

5人グループで仲が良いけど、K-POPが好きだったり、バンドが好きだったり、ジャニーズが好きだったり、趣味はバラバラ。なので、趣味の話よりも、SNSで気になるカフェの話とか、最近よく見る動画配信者誰？みたいな話で盛り上がることが多い。

このように、自分の好きなことよりも、共通項になるSNSトレンドが話題の中心にあるのです。

彼らは学校の友達と、好きなモノ・コトが一緒であることを、それほど重視していないのです。

たとえ学校などリアルのコミュニティに居場所が見つけられなかったとしても、SNSに居場所となるコミュニティを見つけることもできます。ある種の逃げ場や心の拠り所になるコミュニティを作る場を、リアルに限定する必要はないのです。Z世代にとって、リアルの世界とデジタルの世界の間に垣根はなく、対等でフラットに位置づけられているからこそなせるワザなのです。

このように、彼らはリアル・デジタルに境界線を作らず、両方で複数のコミュニティに属しています。

生の声

一緒にオシャレなカフェを巡る相手が欲しくてインスタで探した。趣味が近いかどうかは、過去の投稿を参考にしてる。

「SNSでの出会い」と聞くと、危険なイメージを持ち、少し心配になる方もおられるかもしれません。もちろんその気持ちはすごく分かりますし、やはりリスクはゼロではありません。SNSでの出会いをきっかけに悲惨な事件が起きているのも事実です。

しかし、そのようなリスクはZ世代も認識しています。彼らも、何も考えずむやみやたらにSNSで友達を作っているわけではありません。

むしろSNSに投稿されているその人にまつわる多くの情報を基に、本当にリスクはないかを慎重に確認した上で交友関係を築いています。

例えば、Instagramで「#○○好きさんと繋がりたい」のハッシュタグで検索するとします。するとそこにはたくさんの画像や動画が表示され、その中から共通点がありそうな人を探していくのですが、膨大な数の投稿を全て見ていくわけにもいきません。

Z世代は、まず画像写真の撮り方や加工テイストに目を向けます。そして写真の撮り方や画像加工の仕方で、好きな世界観が似ているかを判断します。さらには相手の年代が自分に近いかも見極めるのです。

感覚的に目星をつけたら、そのアカウントのホーム画面にアクセスし、過去の投稿をチェックしながら、相手についての情報を集めていきます。友達になりたい！と思えたらフォローをして、交友関係のスタートラインに立ちます。その後はDMで何度か会話のラリーをすることで、相手のデモグラフィック情報や人間性への理解を深め、交友関係を構築していくのです。

インタビューでは、「やり取りの中で、いきなり〝ダメ語〟（友達口調のラフな言葉づかい）で話しかけてきたら、常識がないなと思って距離を取った」というシビアな声もあるように、人をふるいにかけている実態も浮かび上がってきます。SNS上での友達は、リアルの友達のような無条件な関係ではなく、お互いの目的が明確なことが多いのもポイントです。

ＳＮＳによるコミュニケーションの変化

「ビジュアルコミュニケーション」とは

ここで注目すべきは、Ｚ世代の写真や動画から読み取る情報と、その量の多さです。写真や動画を介したコミュニケーションを「ビジュアルコミュニケーション」と呼びますが、ＳＮＳネイティブであるＺ世代は、このスキルに非常に長けています。そして、ＳＮＳで友達を作る際にもこのスキルを発揮しています。

生の声

写真の加工の仕方で、大体同世代かどうか分かる。

これまでも多くの若者から、ＳＮＳで自分と気が合いそうな人を見つけ、過去の投稿をチェックすることで仲良くなれそうかどうかを判断するという話を耳にしました。また、オフラインで友達と初めて会った場合でも、ＳＮＳでのビジュアルコミュニケーションを重視しています。

ここでまた皆さんにお聞きしますが、初めて会った方とさらに仲良くなりたい、と思った際に最初に交換するものは何ですか？　電話番号やLINEなどのような連絡ツールだったり、Facebook

を思いつく方もいるかもしれません。

Z世代はというと、初対面の友達と最初に交換するのはInstagramのアカウントであることが一般的です。

なぜかというと、Instagramは写真や動画を中心にした自己紹介ツールとしても活用されており、これまで投稿している写真や動画からお互いの人となりを知ることができるからです。そのため、彼らは自身のアカウントに投稿する画像や動画にも非常にこだわりを見せています。特に投稿の雰囲気に統一感を持たせることを戦略的に行っています。「こういう雰囲気が好き」と周りに伝えることが目的になっているのです。

ビジュアルコミュニケーションスキルに長けているということは、視覚的な情報から雰囲気やニュアンスを感じ取る力が高いということです。彼らはテキストで多くを語らずとも、ビジュアルの世界で共感できる感受性を持っています。

そしてSNSの写真や動画の投稿から「その人らしさ」を感じ取り、仲良くなれるポイントを見つけているのです。

生の声

ザラザラした質感のフィルターがかかってて、暗めの写真になってて、エモい。

Z世代のこの写真や動画の「ニュアンス」を感じ取り解読するスキルこそが、ビジュアルコミュ

2018年から人気のSNOWのエモいフィルター

ニケーションの軸になっています。

例えば、よく若者言葉として使われる「エモい」という言葉ですが、これは「エモーショナル」を意味しています。具体的には、ノスタルジック感や趣のあるさま、あるいは感傷的な状況など、感情が動かされるような場面を表現するときに使われます。

しかし、Z世代に「エモいってどういう意味?」と聞いても、このように形式化された回答は返ってきません。むしろ、「ザラザラした質感のフィルターがかかってる感じ」とか「西日でちょっとぼやけてる感じの写真」といった実感的な言い方で返答します。

やはりビジュアルを起点としたニュアンスを表現しようとしているため、雰囲気や情緒的なワードが目立ちます。

そして、彼らにエモいと思う写真見せて！とお願いすると、どの人も大体同じような雰囲気の写真を見せてくれます。Z世代の間には、「エモい画像・動画」に対する視覚的な共通認識があることが分かります。

彼らにとって、そのときの感情を画像や動画を介して共有することは当たり前であるからこそ、画像や動画からニュアンスを感じ取ることは容易なことなのです。

それだけでなく、それを実現するために必要な構成要素を無意識に読み取り、写真のフィルターやエフェクトを活用して再現できるのが、ビジュアルコミュニケーション・ネイティブであるZ世代なのです。

映える投稿へのこだわり

もう少し、彼らの表現のこだわりについてお話しします。ビジュアルコミュニケーションでは視覚的な情報が最も重視されますが、最も分かりやすいのは「映え」なのではないでしょうか。

生の声

遊びに行ったらカメラロールが同じ写真で埋め尽くされる。

「インスタ映え」という言葉が流行語大賞に選ばれたのは2017年ですが、Z世代は「映えること」を当時から変わらず非常に重視しており、SNSには「映える」写真や動画を投稿することが、彼らの暗黙のルールになっています。

彼らは「映え」を求めて、カフェや旅行など様々な体験に積極的に出向き、そこで必ず写真や動画を撮影します。撮影をすることを見越して、事前に友達と当日のファッションスタイルについて相談し、〝おそろコーデ〟（お揃いのコーディネート）や〝リンクコーデ〟（友達とコーデの一部をリンクさせる）をして出かけることも当たり前です。

そして撮影枚数も2枚や3枚ではありません。スマートフォンのカメラロールがほぼ同じような写真で埋め尽くされるくらい撮影し、その中からSNSに投稿できるベストショットを選び抜いています。

なぜZ世代にとって「映える」ことが、ここまで重要なのでしょうか？　彼らにその理由を聞いてみても、「インフルエンサーになりたいから」とか「SNSのフォロワーを増やしたいから」といった〝有名になって承認欲求を満たしたい〟的な声はほとんど聞かれません。

こうした「映え」へのこだわりには、実は彼らのコミュニケーションに対するモチベーションの高さが関係しています。

多くのZ世代は「映え」ている写真や動画をSNSに投稿することで、SNSで繋がる友達から、「ここに遊びに行ったんだ！」「かわいい！」などの反応を期待しています。この反応をきっかけに、新たなコミュニケーションが生じ、同じテイストの「映え」が好きな友達と繋がっていくキッカケが生まれることに高い価値を感じているのです。

生の声

どのアプリ使って加工したら、この写真の雰囲気作れるんですか？

Z世代はSNSの写真や動画の投稿から「その人らしさ」を感じ取り、仲良くなれるポイントを見つけていると前述しましたが、SNSへの投稿に際して、大量に撮影した写真の中から厳選の一枚を探し出した後は、そこに「自分らしさ」を加える必要があります。そのためには、写真加工アプリが必須アイテムとなります。

Z世代の間には、「フレンチガーリー」「モノトーン」「量産型」「韓国っぽ」など、写真に施す様々な世界観を表す共通言語があります。

彼らは写真のコントラストや彩度を調節したり、フィルターをかけることでこれらの世界観を実現し、投稿を完成させていきます。これは撮影した写真をより魅力的に、自分の好きな世界観に完成させるための、いわば「シズル感」を加える行為ともいえます。

彼らは写真の撮影の仕方や写真の加工方法に対してもこだわりを持っており、より素敵な写真を撮影するために、日夜、研究を怠りません。

SNSで話題のスポットに行く際には、事前にSNSに投稿されている他の人がそのスポットで撮影した写真を確認し、画角や構図を参考にしています。

また、インフルエンサーの投稿のコメント欄には、「この写真って何のアプリで加工してますか？」という質問が来ることもあり、加工の方法を実践的に解説するショート動画の投稿も人気です（写真加工の話は、第3章でも詳述します）。

ここまでの話をまとめます。

SNSで友達を作ったり、交流することが当たり前であるZ世代にとって、投稿する写真や動画は非常に重要なコミュニケーションツールなのです。

彼らは撮影した写真を加工して、自分の好きな世界観を表現し、それに共感してくれる人と繋がるために様々な努力と試行錯誤を重ねています。

写真や動画が簡単に撮影・加工できるようになったのはつい最近のことで、数年前までは高い技術や専門性が必要で、限られた人にしかなし得ませんでした。

今はそれを個人がスマホ一台で簡単に実現できる時代であり、それが当たり前であるZ世代においては、コミュニケーションの主軸はテキストではなく視覚的な情報になっているのです。

彼らの大事にしているビジュアルコミュニケーションは言語化が難しく、感覚的なことも多いので、「何が何だか分からん！」、という方も多いかもしれません。しかし、Z世代の間では、十分に意思疎通が叶っています。

これは大げさかもしれませんが、私は、人類の進化の過程をZ世代が目の前で体現していると感じています。

太古より人類は、言葉や文字などの意思疎通のためのツールを発明し、その中で様々な文化が生まれていきました。

対面で行われる身振り手振りから、会話やテキストでのコミュニケーションが生まれたように、デジタル環境の進化やＳＮＳの発展により、画像や動画から読み取るビジュアルコミュニケーションが活発になることで、これから新たな文化が創られていくのではないでしょうか。

〝自分らしさ〟の表現方法の変化

ずっとゆるく繋がり続ける

ＳＮＳは、Ｚ世代の自己表現やコミュニケーション方法の幅を広げただけでなく、「自分らしさ」の判断基準にも影響を及ぼしています。

先述の通り、ＳＮＳは友達を探す場所であり、自己表現を楽しむ場所であり、コミュニケーションを取る場所です。しかしそれ以外にも私たちの生活環境を大きく変化させていることがあります。それは、常に誰かとゆるく繋がったままの状態を創出したことです。

生の声

友達が今何しているかは、ＳＮＳを見れば分かる。

私たちは今、たとえ実際に会う機会がなくなったとしても、ＳＮＳを開けば、フォローしている友達や知り合いが、この休日どんなことをして過ごしたのか、世の中のニュースに対してどんなことを感じているのか、リアルタイムで何をしているのかを知ることができます。彼らの近況に簡単にアクセス・把握できる環境です。

その逆も然りで、自分がSNSに何か投稿すると、フォロワーから「いいね！」やコメントで何かしらの反応が返ってきて、フォローしてくれている相手に、自分の状況が共有される環境が整っています。

私自身も最近は「久しぶりに会ったけど、いつもSNSで見てたから、久しぶりな感じがしないね！」と話すことも増えたような気がします。

皆さんも経験している、SNSで「ずっとゆるく繋がり続けている感覚」は、SNSネイティブであるZ世代も当然のように感じており、その感覚は私たちよりも鋭い傾向があります。

生の声
おうちで勉強をするときは、ビデオ通話をオンにしたまま友達と一緒に勉強してる。

Z世代の学生からは、友達とビデオ通話をしながらテスト勉強や宿題をするという声がよく聞かれます。そして、勉強している間はほとんど無言で、それぞれが勉強に集中しているというのです。

これはただ、友達と話しながら勉強をしたいとか、分からないことがあったときにすぐに聞きたいから、という意味ではありません。

彼らにとっては、誰かと「一緒に」勉強をしている感覚を持っていたいということが一番の目的になっています。遠隔で頑張っている友達の存在を感じることで、「〇〇ちゃんも頑張っているから私も頑張ろう」とモチベーションを上げているのです。誰かとの繋がりを感じながらの方が集中できるというわけです。

最近はそのような要望に応えるためか、自習をしたい人がZoomで集まって自習をするという、「オンライン自習室」というサービスを始めている学習塾も登場しています。

生の声

友達の位置情報を見て、家だったら多分暇だと思うから電話する。

Z世代のゆるい繋がりは、SNSや通話だけではありません。仲の良い友達の間では、位置情報共有アプリを使うことで、常に自分がいる場所をリアルタイムに共有している実態も見られます。大人からすると、「常に位置情報を誰かに公開するなんて怖い」「使いたくない」など、否定的な感覚を持たれる方も多いかと思います。

もちろんZ世代も同じように、位置情報公開のリスクについては認識しているため、自分の位置情報の公開範囲は限られた友達に制限するなどの工夫をして利用しています。彼らの位置情報の活用方法は、主に友達の状況の把握と配慮です。今友達がどこにいるのかを知ることで、「今連絡したら忙しいかな……」だとか、「ノリで誘っても大丈夫なタイミングかな……」など、変に気を使う手間を省くこともできます。また時には、「渋谷に遊びに来たときにzenlyを見て、近くに友達がいたら合流しようよ!と連絡する」こともあるそうで、新たなコミュニケーションにも繋げられるため、怖さよりも、むしろ便利さを優先的に感じているのです（zenlyは2023年2月にサービス終了。その後もwhooやNauNauなど新たな位置情報共有アプリが登場しています）。

周囲の目を常に意識

SNSでリアルタイムの行動や位置情報を見られる環境について、彼らには「監視し合っている」という感覚はあまりありません。むしろリアルタイムの行動を共有することで、コミュニケーションがスムーズになり、新しい会話が生まれていく状況にメリットを感じ、楽しんでいます。ただ、常に相手の日常にリアルタイムにアクセスでき、自分自身の情報も常に共有することが当たり前の暮らし方により、他者との境界線が曖昧になってきているともいえます。言い換えれば、Z世代は、常に周囲の目を気にしているということになります。そして、ここで言う「周囲」が指している範囲も、オフラインだけでなく、SNSも含まれていることを忘れてはいけません。

生の声

ファッション系統を合わせた方が、写真を撮影したときに仲良さそうに見える。

例えば、Z世代はお出かけする際に、友達とファッションの色味や系統（ファッションテイストなどを含めた世界観）を統一するために、事前に当日の服装について相談し合っています。あるとき、その理由をインタビューで尋ねたところ、「その方が、写真を撮ったときに仲良さそうに見えるから」という回答が返ってきました。これはまさしく「周囲から見た自分たち」という視点が存在していることが浮き彫りになった発言です。そして、撮影した写真をSNSに投稿し、誰かに共有することが前提になっている発言でもあります。

彼らは、自分の目の前にいる友達と仲が良いことをお互いに認識し合うだけではなく、自分たちの関係性を周囲にも同じように認識してもらいたい、とも感じているわけです。常に他人と繋がり、自分についても共有する。そしてそれを見ている人が存在することが当たり前であるからこその感覚です。

生の声

オシャレな部屋に住んでるぽく見えるように、部屋の一角だけめちゃオシャレにしてる。

彼らの周囲の目に対する意識が浮上するのは、お出かけのときだけではありません。コロナ禍の影響も相まって、自宅の部屋をオシャレに見せる「おうち映え」がトレンドになりました。

Instagramで「#淡色部屋」「#塩系インテリア」などのハッシュタグで検索すると、素敵なお部屋の画像がたくさん出てきますが、Z世代もオシャレなお部屋作りを楽しんでいます。

しかし、部屋全体をくまなくオシャレにするには金銭的なハードルが高いため、実際はサイドテーブルやキャンドルなどの小物を活用して、部屋の一部分だけをオシャレなゾーンとして仕立て上げるケースが多く見られています。自宅というプライベート空間ではありますが、SNSを通して「オシャレなお部屋に住んでいると思われたい」「お部屋の中までオシャレで、映える生活を送って

Z世代の写真映えするインテリア例

ウェーブミラー

変形したミラーが特徴で
どんなインテリアにも馴染みやすく、
置くだけでオシャレな印象に。

フォームミラー

雲のように縁取ったミラーが特徴。
存在感のある鏡のため、
その鏡の前で撮るだけで映える。

サイドテーブル

自分の好きな空間を作ったり、
買った商品を並べて撮るなど、
部屋の中の商品映えスポットに。

物撮りイメージ

映え空間での物撮り

写真を撮るときに、商品の雰囲気に
合うように写真に映る範囲だけ
インテリアを整えて撮影を行う。

いると思われたい」という思いから、このような行動に及んでいるのです。

生の声
清潔感がないと思われたくないから、最低限のスキンケアをしている。

生の声
インスタに投稿したのと同じ服を着ないように気を付けている。

このように、「ゆるく繋がり続けること」が当たり前であるZ世代は、何をするにも周りからどう見られているのかを常に意識している実態が見られています。

様々な消費カテゴリにおいて、「周りに○○と思われたくないor思われたい」といった、周りからの評価や目線を意識した言葉が出てきます。

例えば、お酒を飲まないZ世代を集めて話を聞いたときも、こんな声が聞かれました。

生の声
お酒を飲んで酔っ払っている人が道端で寝ているのを見て、自分もあんなふうになって迷惑だと思われたくないから飲まない。

Z世代男性の美容に対する意識をテーマにした際にも、「清潔感がないと思われないように最低限のスキンケアをしている」など、自分のためというよりも、むしろ周囲の視線を軸に行動している様子もうかがえました。

彼らは周りの目を意識せざるを得ない環境にいることで、自分自身の見せ方を常に考えています。「見られている自分」が常に頭にあることで、「見せたい自分」を演出する訓練を積んでいるようなものですから、自己プロデュース力に長けているともいえます。

自分らしさは他人が決める。周りからこう見られてる＝自分らしい

この周囲の評価や視線への意識は、彼らの自己表現方法にも影響を及ぼしています。「周りからこう見られている」という他者からの評価を主軸に、「自分らしさ」を認識・定義しているケースが多く見られているのも特徴です。

生の声
周りから浮かない程度に自分の個性も出したい。

もちろん、中には他人にどう思われるかよりも、自分らしさを重視しているZ世代も存在します。しかし、その人たちに話を聞いてみても、やはり〝他人の目〟から完全に脱却することはなかなか難しいようです。

「周りから浮かない程度に自分らしさを発揮したい」という声が大半です。これらの発言の背景には、「自分がとがりすぎることで周りに××と思われるのでは」という気持ちはもちろんのこと、「周りの人を傷つけてしまうかもしれない……」といった周囲への配慮もあるようです。突き抜け

た個性を追求するよりも、周りとの調和を乱さないことを第一とした〝丸くとがる〟を実現しようとしている姿勢がうかがえます。

生の声

社会課題については、自分の知識が間違ってるかもしれないから投稿できない……。

こうした調和を重んじる〝丸さ〟は、ファッションなど、見た目に関する話だけではありません。例えば、Z世代は社会課題への関心が高いことを前述しましたが、同世代であるスウェーデンの環境活動家、グレタ・トゥーンベリさんのように、自分の意思を外に向けて発信していくことに対しては、実は非常に慎重です。

社会課題についてどう考えているかをインタビューで聞いてみても、「私の個人的な意見ですが……」とか、「私もまだ勉強中だから、間違ってるかもしれないけど……」など、非常に謙遜する態度や、謙虚な前置きがあった上で話し始める様子が目立ちます。自分の考えを人に共有する場合も、言葉選びや伝え方を入念に考えているのです。

彼らはSNSの投稿が批判されたり炎上したりする光景を間近に見てきていることで、もしかすると次は自分にその矛先が向いてくるかもしれない、という警戒心を持っています。また同時に、自分の意思を表明することで、誰かを傷つけたり、コミュニティの調和を乱したりしてしまうかもしれないことも非常に恐れています。そのため、「自分はこう思う」という形の表現、つまり自分を主語にした意思表明をなるべく避ける傾向にあります。

しかし、彼らは自分の考えを伝えずに済まそうとも思っていません。調和を乱さないZ世代の流儀に基づいた意思表明のやり方を編み出しています。それは、共感できる考え方を持っていて、自分を主語に発信をしているインフルエンサーを応援する方法です。彼らは、自分が応援・支持している人や会社や商品を友達に共有することで、自分の意思を間接的に表明しているのです。

言い方を変えれば、調和を乱したくないZ世代は消費行動においては、企業が標榜する理念やブランドが語っているストーリーに、自分が共感できるか否かという点を最も重視しているというわけです。

自分らしさを使い分けてSNS社会をサバイブ

ここまで、周囲の目を常に意識しているZ世代の実態について解説してきました。

もともと周りの目を気にしてしまうのは日本人の持つ気質でもあるため、どの世代にも共通する感覚でもあると思います。しかし、特にZ世代においてはSNSが身近にあることで、周囲との繋がり方や気にしなくてはいけない目線が増えています。

このような実態を知ると、Z世代って、とても生きづらい環境に身を置いているのでは……？と心配する方もいらっしゃるかもしれません。

あなたの「SNS疲れ」に関する今の状況を教えてください。
（単一回答）

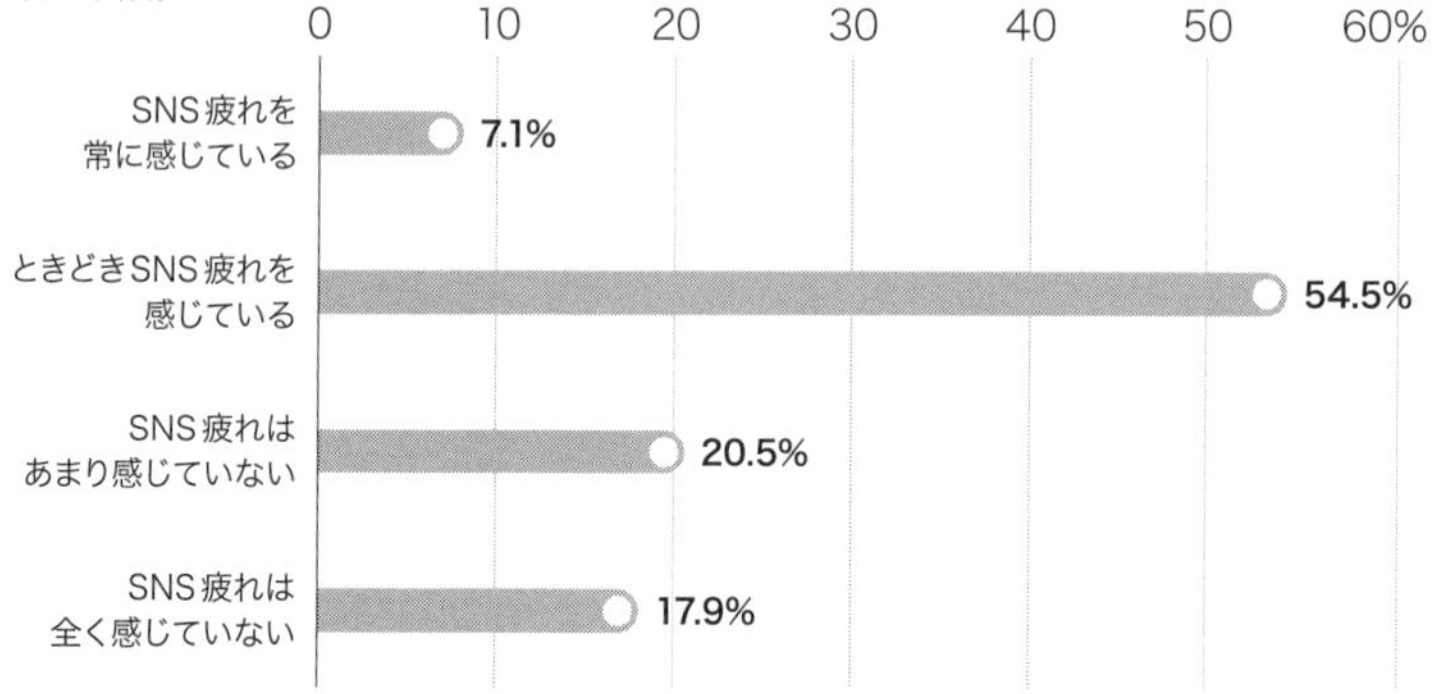

調査対回答者：16歳〜21歳　女性（SHIBUYZ109 lab. 独自ネットワークを使用）
調査期間：2022年2月
サンプル数：n=122

確かに、実際に「SNS疲れ」という言葉がある通り、SNSが存在することで窮屈さや疲労感を感じているZ世代も出てきています。2022年2月に、私たちが実施した調査でも、約6割のZ世代がSNS疲れを感じているという結果が出ています。

しかしその一方で、彼らは自分の世界の一つであるSNSとうまく付き合っていくための、さらなる工夫も重ねています。

生の声

SNSのアカウントは3個あって、投稿する内容を変えてます。

SNS疲れを回避するための最も主流の方法は、SNSのアカウントを複数持つことです。彼らは平均2〜3個のアカウントを持ち、それぞれのアカウントで繋がる人や用途を整理して利用しています。

生の声

本アカでは映える投稿、サブアカには映えてないけど友達に共有したいものを投稿する。

生の声

インスタは本アカとサブアカの2つを持っていて、誰が見ても大丈夫な感じの投稿は本アカ、何にも考えずに投稿するときはサブアカにする。

ここで、Z世代が複数持っているアカウントの用途をいくつかご紹介します。

「本アカウント」(通称、本アカ。もしくはリアアカ)と呼ばれるアカウントでは、幼馴染みや小中高の同級生など、これまで出会った友人・知人と幅広く繋がっており、関係性も様々です。それぞれのコミュニティでのキャラクターや見せている自分も異なるため、本アカではどのコミュニティの人に見られても大丈夫な、最大公約数的な内容の投稿のみ行っています。インタビューでも、本アカには「キラキラした生活おくってるんだな、と思ってもらえる投稿だけしている」という声が聞かれています。

「サブアカウント」(通称、サブアカ。もしくは鍵アカ)は、本アカよりも限られた人が見られる環境になっており、鍵がかけられていて、非公開とされているケースが多いです。親友レベルに仲の良い友達だけが見ることができるなど、フォローされている相手との関係性も深いため、本アカ

SNSのアカウントは複数持ちは当たり前

平均2〜3個／人

※各SNSごとに複数アカウントを持つ。

オフラインでの交友関係がメイン

オンラインでの交友関係
※オンラインでの友達に共有しないことも

本アカ
（本アカウント）

幼稚園・小学校・
中学・高校・幼馴染み…
ほぼ全ての友達と
繋がっているアカウント。
そのため、
投稿内容に気を使いがち。

サブアカ
（サブアカウント）

限られた友達と繋がるアカウント。
（何個も持っていることも！）
本アカでは出せない、
“飾らない自分”を出す

趣味アカ
（趣味アカウント）

食・ファッション・コスメ・ヲタ活…
興味のあることを
とことん楽しむアカウント。
用途やカテゴリごとに
アカウントを分けることも。

繋がる
●ヲタ友作り ●ヲタ活グッズ交換 etc

情報収集
●投稿はせず、閲覧のみ

発信
●作品投稿 etc

記録アカ
（記録アカウント）

勉強・ダイエット・
ストーリーズ投稿専用・
彼氏との思い出…
記録のために開設したアカウント。
自己満要素が強い。

では共有できないような自分の素の部分や本音を投稿しています。

サブアカだけでも2～3個持っている場合もありますが、最近はInstagramの「親しい友達」（通称〝したとも〟）という、投稿の閲覧者を自分で制限できる機能も活用しています。

一つのコミュニティにおいても関係値（関係性の濃淡）があることから、Z世代が、「誰に、どの投稿を共有するのか」をかなり細かく考え、コントロールしている姿がうかがえます。

生の声

撮ったときにこの写真はイケてないからサブアカ行きだなとか、これはうまく撮れたから頑張って加工して本アカに載せよう！と決めてる。本アカ用は50枚くらい撮るけど、サブアカは1枚！はい、おっけー！って。

実際に、本アカとサブアカはどう使い分けているのでしょうか。実例をご紹介すると、例えば以下のような形です。このアカウントの持ち主は、本アカでは友達との楽しい思い出を投稿しています。しかしサブアカには、ラーメンや肉うどんなどの日常の食事風景、彼らの感じる魅力的な「映え」とは縁遠い写真が投稿されています。「家庭感、生活色が見える投稿は仲が良い友達以外に見られたくないです。ラーメンとかインスタ映えしないものとかも投稿したいけど、それはサブアカだけに控えています」と話していました。

また、同じ内容の投稿の場合でも、本アカとサブアカで見せ方が異なります。例えば、休日に遊びに行った際、本アカとサブアカで異なる写真を投稿しています。

本人は、「本アカとサブアカで、写真の撮り方もテキストも気合の入れ方が全然違う！　サブアカは加工なしの写真とか雑な感じで、統一感がなくてもOK。コメントも適当。本アカの方に上げる写真は加工もするしテキストもこだわってる」と話していました。たった一つの投稿においても、本人なりのこだわりや棲み分けがしっかりと存在しています。

逆に言うと、こだわりのない投稿など、ないのです。

アカウント複数持ちで、「自分らしさ」を分割&使い分け

少し話を戻しますが、Z世代たちが持っている複数アカウントの中には、好きなコンテンツやアーティストなどの共通の〝推し〟がいる人と繋がるための〝ヲタアカ〟（ヲタクアカウントの略）も存在します。

生の声

ヲタ活用のアカウントがあって、本アカではヲタ活の投稿をしないようにしてる。ヲタ活の投稿はヲタ友とだけ共有できていればいいので。

先述した通り、彼らはアカウントごとに見せる自分を変えていますが、アカウントを分けるのにはもう一つ理由があります。それは、各コミュニティに合わせてコミュニケーションをスムーズに

するためです。

学校の友達とは学校のコミュニティを中心とした話題、ヲタアカでは推しに関する話題、というように、それぞれのコミュニティで盛り上がる話題は異なります。オフラインでは会話の内容を変えることで対応できますが、SNSは一つのアカウントで自分の興味のあることを全て共有してしまうと、あるコミュニティの話題は、他のコミュニティにとって「ノイズ」となりえます。このノイズを発生させないためにも、アカウントをコミュニティや用途に合わせて細かく分割し、それぞれのコミュニティに合わせて、見せる自分を最適化しているのです。

デジタル上でも相手との距離感を調節

皆さんにもイメージしていただきたいのですが、あなたに、年賀状を送り合うくらいで、メッセージはもちろん、電話をすることもほとんどないような顔見知り程度の友人がいると仮定します。そのくらいの「関係値」の相手に対して、自分のリアルタイムの状況について頻繁に共有することを、あなたはどのように感じますか？

「やり取りの頻度が増やせて嬉しい！」と思いますか？　あるいは、「顔見知りくらいの関係なのに、そんなにたくさん共有したらウザがられないかな……？」と遠慮の気持ちを感じますか？

Z世代は、SNSで常にゆるく繋がることが当たり前であるため、実は、前者のように感じることはありません。むしろ後者の気持ちを感じることが多いのです。

そのため、投稿内容だけでなく、投稿頻度もアカウントによって調整しています。

生の声

あまり仲が良くない子もフォローしている本アカだと、1日4件とか投稿したらうるさいかなーって思います。


SNSに投稿する＝フォロワーとの接触になるため、アカウントで繋がっている相手との関係値に合わせて、接触頻度を調節しているのです。

インタビューでは「本アカは17投稿、サブアカは144投稿！　本アカは恥ずかしくなったら消してアーカイブに入れちゃうから少ないです。サブアカは消す必要がないからそのまま増えていきます」と答える人がいました。

アーカイブ機能（一度投稿した写真・動画を非表示にして、自分だけが見られる状態で保存しておける機能）も活用することで、そのときの気分によって、見せる自分も調節している実態が見受けられます。

このように、Z世代はどんな内容を、どのくらいの頻度で投稿するのかを熟考し、かつ瞬時に判断して各アカウントに投稿しています。そしてこの行動の背景には常にSNSでゆるく繋がる相手から見て、どのように思われるのか、そして自分がどのように見られたいか、という思考があるのです。

Z世代は本当にすごいなと思うのは、SNSでの工夫を話す彼らの口調からは、〝やらされてる感〟の印象がないことです。彼らは本当に自然に、当たり前にSNSに取り組んでいて、周りへの配慮も欠かしません。SNSでの一連の行動を呼吸のように行っているのだなと、つくづく驚かされています。

アカウントを複数持つ以外にも、相手との関係性に合わせた工夫をしています。

これはコロナ禍で顕著に現れた実態ですが、2020年当時、若者たちは学校にも行けず自宅で過ごす日々が続きました。そのような状況で友達との繋がりを感じるには、デジタル上での交流が頼みの綱でした。彼らはZoomやLINEを使ってビデオ通話をしたり、仲の良い友達とインスタライブ（Instagram上で行えるライブ配信機能）を活発に行っていましたが、各コミュニケーションツールには、彼らなりの使い分ける基準が存在していました。

生の声

ビデオ通話するほど仲が深くない子とは、インスタライブでコメントに答えるくらいがちょうどいい。

ZoomやLINEは、気心の知れた友達と長電話をする感覚で使われています。寝落ちするまでその日あったことなどをだらだら話すなど、クローズドな環境だからこそできる飾らないコミュニケーションを取っていました。

これに対し、インスタライブは様々な人が参加できるため、ややオープンな場となります。配信自体は仲の良い友達と行いますが、話していると、その時間に暇なフォロワーたちが集まってきて、インスタライブに参加するのです。配信している本人たちは、参加してコメントをくれたフォロワーに対して「あ、○○ちゃんだ、元気？」と呼びかけたりすることでコミュニケーションを取ります。

どちらもゆるいコミュニケーションではありますが、前記にある「ビデオ通話するほど仲が深くない子とは、インスタライブでコメントに答えるくらいがちょうどいい」という彼らの言葉に象徴されるように、友達との関係値に合わせて各種オンラインツールを使い分け、距離感を調節しているのです。

生の声

コロナ禍での外出時は、時差投稿で外出のタイミングをぼやかす。


また、SNS投稿のタイミングにも気を使っています。コロナ禍の外出制限が厳しい時期には、「時差投稿」というものが主流となりました。これは、本来であればリアルタイムに投稿していくものを、時間を置いて投稿することを指しています。

多くのZ世代が大人数での外出や密を避け、リスクを回避しながら暮らしていましたが、当時は

「自粛警察」という言葉が生まれるくらい誰もが他者の外出に敏感になっていたため、周りからの目を気にして投稿のタイミングをずらしていたのです。

自分の投稿だけでなく、相手の投稿もしっかり見ていて、「この子は結構いろんなところに遊びに行っていて、感染リスクも高いから会うのはやめておこう」などの判断もされており、SNSで得られる相手の情報が、オフラインにおける相手との距離感の調節にも繋がっているのが分かります。

コロナ禍で変化したコミュニティにおける重視点

自分らしさもアカウントの数だけ持っていて、コミュニティに合わせて出す自分を変えているZ世代。こんなことを聞くと、ますます「そんなこと気にせずに、好きなモノを投稿すればいいのに！　何個もアカウントを使い分ける方が大変そう……」と思う向きもあるかもしれません。

しかし、「周りからどう見られるか」が非常に重要であるZ世代にとって、一つのアカウントに自分の全てのコミュニティが集約されることの方が、むしろストレスなのです。

気疲れするくらいなら、アカウントを用途やコミュニティにより使い分けることで、投稿をする側・見る側の両者にとって快適な環境を作る方が良い。SNS上で繋がるそれぞれのコミュニティにおけるコミュニケーションを阻害しないことを最優先にしているからこその行動であるといえるでしょう。
そしてこれはSNS上に限った話ではありません。例えばファッションにおいても、「○○ちゃんと遊ぶときはクールな格好、△△ちゃんと遊ぶときはガーリーめの服装にしよう」などと、コミュニティに合わせて変えている実態が見られています。SNSを中心としたオンラインでのコミュニケーションが、オフラインでの消費にも影響していることは、Z世代を捉えるにあたって重要な視点です。

生の声

本当に仲の良い友達と過ごす時間を大事にするようになった。

SNSと彼らのコミュニティが密接な関係にあることで、意識の根底に、周りからどう見られるかを計算する姿勢が染みついてしまっているZ世代ではありますが、実はコロナ禍の影響で、少し変化が見られています。
私たちの調査で、コロナ禍により、Z世代がリスクとなる不特定多数の人との接触を避け、本当に仲の良い友達と遊ぶことが増えたという傾向が判明しました。挨拶をする程度の仲を意味する「よっ友」（〝よっ！〟と声をかけるくらいの友達の意味）が消滅したという声も聞かれます。生活環境の変化により、交友関係も浅く広い関係よりも、深く狭い関係に重きを置くことに価値を感じるように変化したのです。

およそ3年間にわたるコロナ禍の月日は、彼らのコミュニティへの考え方を変化させ、定着させるには十分な時間でした。もちろんSNSでゆるく繋がり、周りの目を気にすることは変わりません。しかし、深く狭い関係の友達との時間を多く過ごし、関係をさらに育んだことで、安心して自分をさらけ出せる安全圏のようなコミュニティを確立させたのです。

例えば、メイクやネイルを取り入れるZ世代の男性も増えています。しかし彼らは周りの目が気になるため、日常生活の中でも、楽しむシーンを限定したり、使用すること自体を躊躇《ちゅうちょ》している姿もありました。しかし、コロナ禍により「この人たちの前であれば、周りの目を気にしすぎずにいられるかも」と思える心理的安全性の高いコミュニティを手に入れ、人目を気にせずに好きなメイクを楽しむハードルが少し下がったという話も聞いています。

コロナ禍によるコミュニティの変化が、これまで制限していた自己表現方法の可能性の幅を広げるきっかけになっているのです。

情報収集の場としてのＳＮＳ

求める情報に合わせて、プラットフォームを使い分ける

ここまで、コミュニケーションを目的としたＳＮＳの使い方と、彼らの価値観について説明してきました。ＳＮＳを利用する一番のモチベーションはコミュニケーションですが、情報収集の場としても活用されていることも忘れてはいけません。
まずは、Ｚ世代流の情報収集の観点からＳＮＳとの付き合い方事情をお伝えします。

生の声
新しい商品やトレンドは、大体ＳＮＳで知る。

２０２１年に私たちがＺ世代男女４００人を対象に実施した調査では、「新しいブランドや商品を知るきっかけ」のトップ３はＴＶ番組・ＣＭを押さえてＳＮＳが席巻し、女性においては7割がInstagramと回答するなど、ＳＮＳの影響力の高さがうかがえる結果となりました。
彼らはＳＮＳを通じて新しい商品やサービスを知るだけでなく、その商品が本当に必要なものかを検討するための二次的な情報（口コミなど）も収集しています。その存在なしには彼らの消費行

あなたは新しいブランドや商品をどこで知りますか。（複数回答）

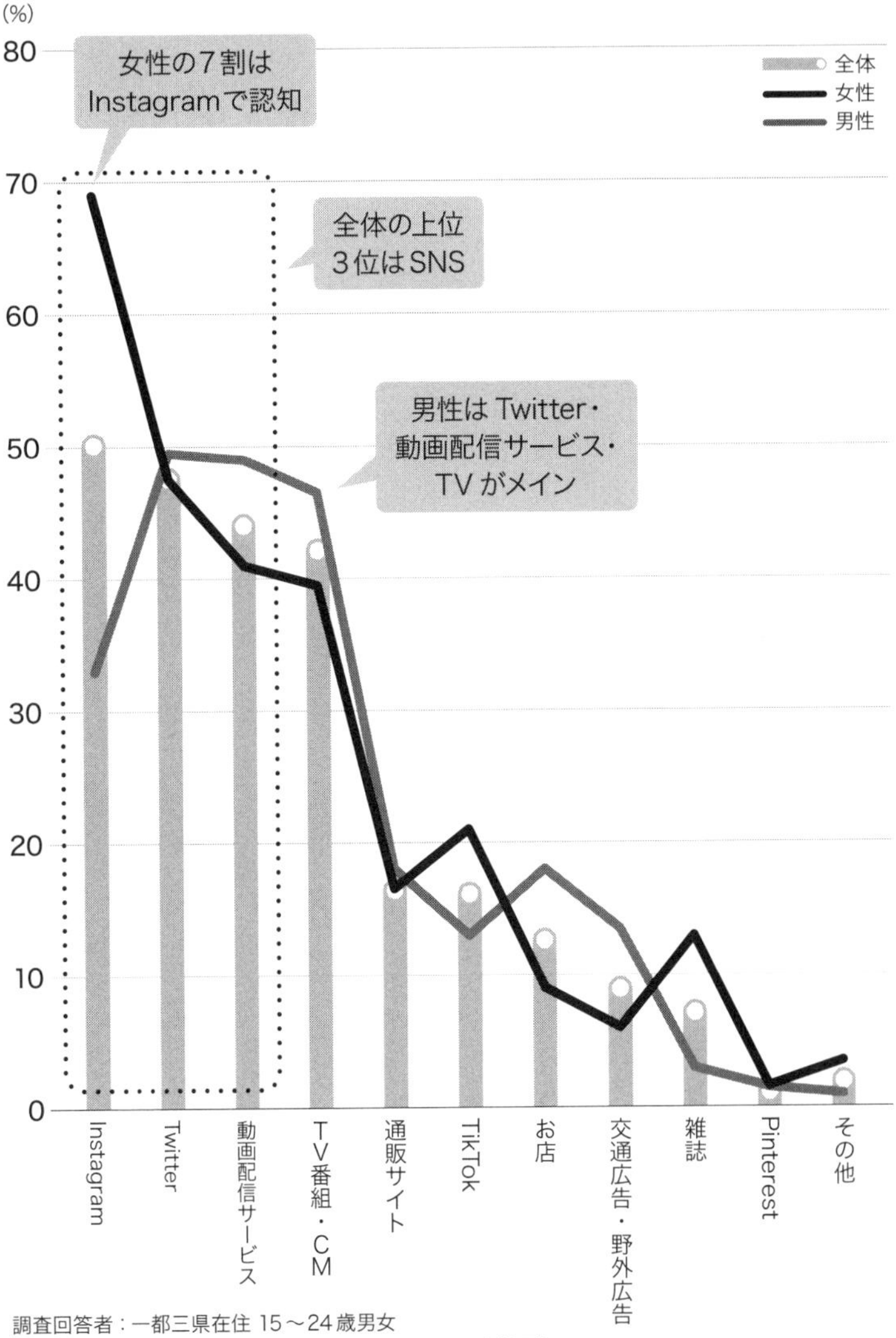

調査回答者：一都三県在住 15～24歳男女
学生（外部調査会社のアンケートパネルを使用）
調査実施時期：2021年12月　サンプル数：n=400（男女各200）

動について語れないほど、SNSは重要な情報源なのです。
Z世代は情報収集において、中立的な立場であることを意識しています。彼らは自分の考えは持ちつつも、ニュートラルであり、バランスが取れている状態を目指します。
そして彼らは特定の意見に偏ることなく、多様な意見の存在を知ることに重きを置いています。
そのため一つの情報について、SNSも含めた複数メディアを駆使して、他者の意見を基に多角的な視点から情報を吟味しています。

生の声

インフルエンサーや一般の人がどんな評価をしているかを必ずチェックする。

このコメントの背景には、彼らがSNSで多様な価値観や考え方に触れていることが当たり前の日常があります。そして、常にSNSでゆるく繋がる環境で育ったことにより、周りの目に対する意識が高いことも関係しています。彼らは消費だけでなく、政治に関しても、社会の変化や多様な価値観に目を向けられる視野の広さと、情報接触におけるバランス感覚を求めています。

生の声

Twitterはニュースとか時事問題、インスタは友達の近況とか、カフェの情報を見る。

SNSのアルゴリズムまで理解

SNSで情報収集をすることが当たり前であるZ世代ですが、「検索」に至るまでには、やや時間がかかるようです。

実際にインタビューでも、「何か知りたいときにInstagramで一番よく見るのはおすすめ欄のタブだけど、ワードを入れて調べることはほとんどせず、検索窓の下に出てくる関連画像・動画を永遠に見て、気になるものを見つけていくことの方が多い」という声が聞かれており、この回答は年々増えている傾向にあります。

「おすすめ欄は自分の興味のあるものが出てくるようになっているので、そこを見れば自分が知りたい情報は大体得られる」と話すZ世代は多く、感覚的にSNSのアルゴリズムを理解している様子です。

生の声

自分のおすすめ欄に好きなトレンドが集まってくるように、インスタパトロールして好きな投稿に「いいね!」してる。そうするとおすすめ欄に出てくる内容が変わるから。

つまり、検索をしてむやみに情報の波をかき分け、本当に欲しい情報を探し当てることに時間をかけるよりも、自分の欲しい情報の輪郭をおすすめ欄の中である程度作った上で検索をしていくという、効率的な情報収集の姿勢です。

これは情報過多である現代において、情報の波を乗りこなすために必要なスキルともいえます。そしてZ世代は、各SNSの特性を理解し、求める情報に合わせてプラットフォームを使い分けています。端的には以下の4つのケースに分類されます。

1 【Instagram】自分の〝好き〟が集まっている場所

生の声
この商品はどんな人が使っているモノなのかを確認する。

女性の7割にとって、新ブランド・商品の認知のきっかけとなっているInstagramは、自分の好きなモノやコトが詰まっているSNSだと認識されています。

主にストーリーズ・フィード投稿・おすすめ欄で受動的に情報に触れることがスタンダードとなっていて、自分の好きな世界観に合うモノやコトが集まる環境であることが利点です。そして、さらに知りたい情報がある場合にハッシュタグ検索を活用し、能動的な情報収集に切り替えます。インタビューでも「ハッシュタグが付いている投稿件数だけじゃなく、投稿されている写真のテイストから、自分と同じ世界感が好きな人たちからどのくらい人気があるアイテムなのかを確認する」と言う声も聞かれており、商品購入後に自分が使用する場合、「周りからどう見られるか」というイメージを客観的に構築する場にもなっています。

2【TikTok】新しい〝好き〟が見つかる

生の声

Instagramは自分の好きなモノが集まるようになっているけど、TikTokは「キミ、こういうのも好きじゃない？」って、少し違う角度からおススメしてくれる。

Instagramは、アルゴリズムによって自分の好みに最適化されているため、ど真ん中で好きなモノは見つかるのですが、少しずらした視点から「こんなものも好きなのでは？」という提案をしてくれるのはTikTokが適していると認識されています。そのため、新しい好きなモノを探しに行く場所として適しているようです。またTikTokでは、能動的に検索をするというよりも、おすすめ欄をひたすら見ていくことで新しい情報に触れているのも特徴です。

3【YouTube】自分の〝好き〟を深める。そしてプロセスを知る

生の声

インフルエンサーの解説動画の中で紹介されている商品の使い方を見ることで、本当に必要かどうかを吟味する場になっている。

YouTubeは「欲しい！」と思ったものの詳細情報を動画で知りたいときに活用されています。「コスメの発色などは別のSNSでも確認できるけど、YouTubeではそのコスメを使ってどのようなメイクができるのか、もセットで知れる」という声も聞かれており、長尺の動画であることから、よりリアルな情報を得られると捉えられているため、商品に対する検討度はInstagramやTikTokよりも深いケースが多く見られます。

Instagramと同様、購入後に自分が使用するイメージを膨らませることに繋がっていますが、YouTubeは手入れの方法や着回し・クリーニング方法など、実務的な解説が多いことから、主観的な利用イメージを構築するために活用されています。YouTubeはプロセスを確認する場所でもあります。道順や、旅行先での観光スポットの回り方など移動に関する視覚的な情報を得る場所にもなっています。

4【Twitter】テキストで詳しく知る

生の声

Twitterはニュースとか、世の中で何が今注目されているのかを確認する場所。

Twitterは時事問題や世間の一般的なトレンドを知る場として活用されていますが、商品に関してより詳細な口コミや解説を確認できることが特徴です。

Z世代は、主にタイムラインかトレンドの欄を確認しており、タイムラインには自分がフォローしている人を中心に、興味のある情報が集約されています。またトレンド欄については「トレンド欄に季節のイベントやキャンペーンが入っていると、意識して購入するきっかけになることがある」という声もあり、世代問わず注目している世の中の動向に合わせた消費行動のきっかけにもなっているようです。

このように、彼らは各SNSのアルゴリズムも含めた特性も理解しており、情報の質や深度を自分の意思とタイミングで調節しています。

またSNSでの情報収集において、投稿そのものだけでなく、コメント欄も確認するようにしているのも、Z世代の特徴です。これは「同じ商品を購入した人や、購入を考えている人が、どう評価しているのか」が、彼らの意思決定には重要な情報であることが関連しています。

インフルエンサーに求めるのは「自分と近い人であること」

これだけ膨大な情報を浴びているZ世代ですが、最も参考にしているのは、やはりインフルエンサーの投稿です。

憧れの対象になっていたり、商品レビューをしてくれたりするインフルエンサーを主に参考にし

あなたは、SNSや動画配信サービスで情報収集する際、何を参考にしますか？（複数回答）

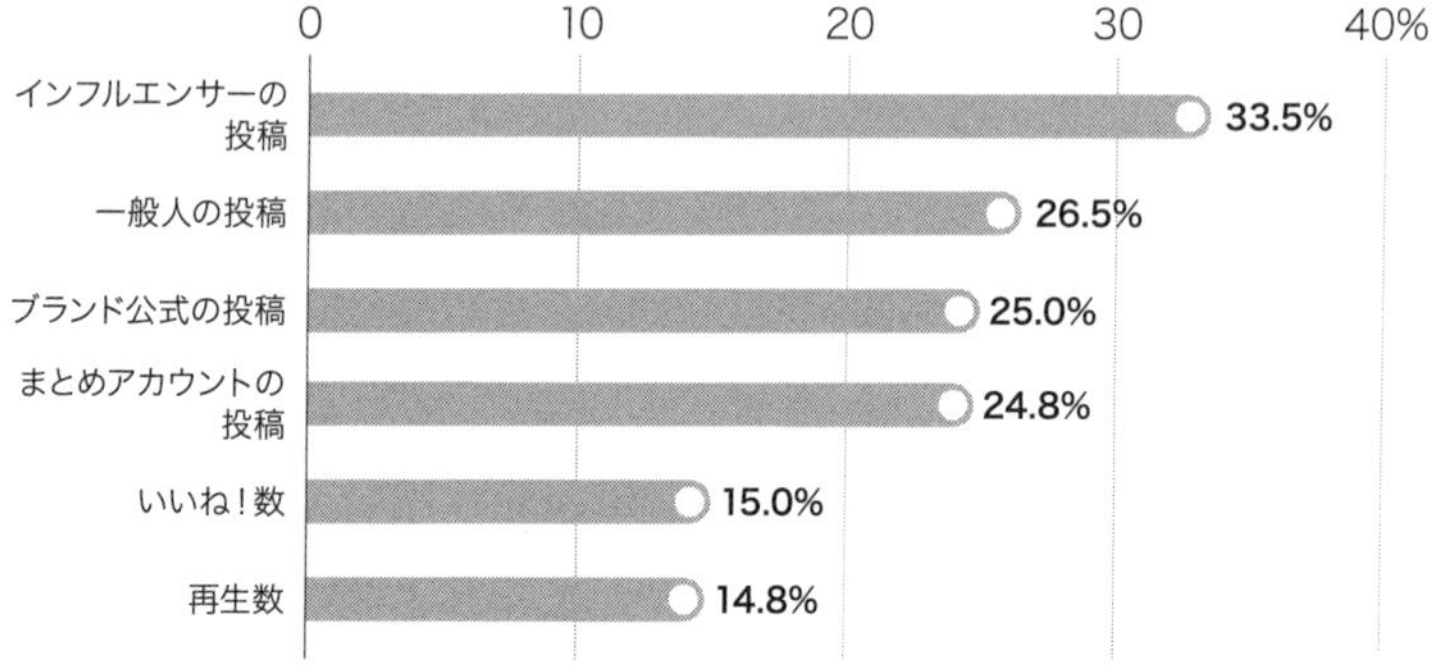

調査回答者：一都三県在住 15～24歳男女　学生（外部調査会社のアンケートパネルを使用）
調査実施時期：2021年12月　サンプル数：n=400（男女各200）

ていますが、様々な情報が飛び交う中で生まれ育っているZ世代は、そのインフルエンサーが好きだから全ての情報を信頼し、鵜呑みにすることはしていません。

生の声

インフルエンサーが定型文でPR投稿しているのを見ると〝案件だな〟と思う。

生の声

肌質や体型などについて同じ悩みを持ってるインフルエンサーを参考にしている。

インタビューでは、「複数のインフルエンサーが商品を紹介する文章がそっくりで、定型文があるんだろうなと思って、怪しく感じた。応援している子だけど、今回はいいや、と思ってしまう」という声も聞かれており、むしろ「誰かに言わされていないか」や「情報が本当かどうか」を様々な視点から見極め、情報の取捨選択をしている姿勢が垣間見られます。

また、「自分と年齢が近くて、同じような肌悩みを持っているインフルエンサーをチェックしている。友達と話しているようなテンションで商品を紹介してくれるので、分かりやすく、信頼している」という声も多く、親近感を得られることはもちろん、丁寧な商品説明をしてくれるなど、信頼できる情報共有の姿勢があるインフルエンサーが重宝されていることが分かります（インフルエンサーの話は第3章に詳述）。

ＳＮＳでの情報の信憑性と向き合ってきたＳＮＳネイティブだからこそ培った洞察力で、信頼できる人を見抜いているのです。

企業のキャンペーンに対する意識

このように、Ｚ世代は生活の中心にあるＳＮＳを活用するにあたって、様々な工夫をしながら活用をしています。

企業サイドとしては、ＳＮＳ上でＺ世代と接点を持つ際には、彼らにとってＳＮＳがどういう場所なのかに常に目を向ける必要があります。

特に、コミュニケーションの場であることを忘れてしまいがちですが、企業のＳＮＳキャンペーンなどのアプローチの仕方によっては、ＳＮＳのタイムライン上のノイズになると判断され、友達とのコミュニケーションが行われていない鍵アカなどで処理されてしまうこともあります。

生の声

企業のリツイートキャンペーンは、周りにこんなのリツイートしてるんだ、って思われたくないから、とりあえず鍵アカで参加している。

実際にこんな手厳しい声も聞かれており、企業が彼らにリツイートしてもらうことで、周りの人への拡散を期待したつもりでも、意図しない形で（しかも企業は気づけないまま）施策が終わってしまう危険性もあります。

接点を持ったZ世代のその先に存在するものは、彼らが大事にしているコミュニティでのコミュニケーションであることを、企業側が意識し、尊重することは、最新の情報をＳＮＳで発信するよりも重要なポイントになるかもしれません。

情報検索スキルと情報交換の量に男女差

男女の境目がない時代ではありますが、私たちの定量の調査の結果やインタビューでは、商品認知から購入に至るまでの購買行動には、男女で違いが見られています。

男女で最も異なるポイントは、ＳＮＳを使った情報検索の身近さです。特にInstagram の活用については大きな差が見られており、女性の方が男性よりも様々な目的で活用していますが、特に情報収集目的での利用頻度に関しては約2倍の差が見られています（※4）。

生の声
女性「SNSで商品紹介の投稿を見ても、本当に良いのか、他の投稿を確認しに行く」

生の声
男性「いつも参考にしているインフルエンサーが時計のプロモーション案件の動画を投稿しているのを見て購入した」

インタビューでも、女性はInstagramをコミュニケーションから情報収集まで、幅広い用途で活用しているのに対し、男性からは「Instagramは友達の様子をチェックするだけで、検索はあまりしない」という声が多く聞かれており、コミュニケーションを目的とした用途に重きを置いている傾向が見られています。

後で詳しくお伝えしますが、性別を問わず「失敗したくない」という消費価値観を持っているZ世代ですが、SNSでの情報収集においては、男性はやや受動的、女性はやや能動的な実態が見られており、情報源の検討時間も女性の方が長い傾向にあります。

インタビューでも、「SNSで商品紹介の投稿を見ても、本当に良いのか、他の投稿を確認しに行く」という女性に対し、男性からは「いつも参考にしているインフルエンサーが時計のプロモーション案件の動画を投稿しているのを見て購入した」「動画配信サービスは広告が飛ばせないので見てしまう。広告は気になれば最後まで見ることもあるし、どんな商品か検索することもある」という声が聞かれており、「良い」と訴求されたものに対して素直というか、疑念を持つことが少ない様子が見られました。実際に、男性はテレビCMでの商品との出会いや、検索エンジンでの検索行動が多く、従来の広告訴求が届きやすい消費行動が明らかになっています。

また、広告やPR投稿からの購入経験についても、女性は32・5%なのに対し男性は49・5%と差が出ており、Z世代男性の約2人に1人は経験があるという結果も出ており、女性よりも広告・PRの影響を受けやすいともいえます（※4）。

価値観や消費実態がジェンダーレスになってきている今の時代に、なぜ情報収集においてこれだけの男女差が生まれているのでしょうか。

生の声

女性「#消えそうな色コーデ」／男性「#高校生ファッション」で調べる。

それは、男女の情報検索スキルの差に起因しています。私たちはこれまでの調査で、情報収集の際に使用するワードをヒアリングしていますが、女性は「#消えそうな色コーデ」「#塩系インテリア」など、かなり具体性があり、商品名ではない造語が多く挙げられている一方、男性は「男性ファッション」や「男子　美容」など、抽象的で漠然としたワードで検索をしているケースがほとんどで、男女で情報検索に使用されるワードの具体性が異なる実態が見られています。

また男性に関しては抽象的なワードを複数連ねて検索しているケースが多く見られているため、Twitterや検索エンジンに使いやすさを感じていることが考えられます。

それに対してInstagramは、一つのワードでしか検索できないというプラットフォームの建付け上、検索ワードが具体的であるほど検索結果の精度が上がります。そのため、具体的な検索ワードを知っている女性は情報収集が快適にできていますが、定義が広すぎるワードを検索に使用している男性にとっては、求めていない情報もたくさん含まれてしまうため、SNSが効率的かつ快適な情報収集の場になっていないのです。

生の声

男性「友達と使っている商品の話や、情報収集方法について話すことはほとんどない」

さらに、この検索ワードの具体性の男女差には、友達との情報収集のためのコミュニケーション量の違いが関係してきます。

女性は日常生活の中で、「今○○が流行ってる!」や「ここのブランドのこのアイテムがすごく良いよ」とか、「パーソナルカラー診断何だった?」など、様々な消費カテゴリに関する情報交換を活発に交わしており、情報検索スキルを高め合いながら具体性の高い検索ワードを入手しています。

しかし、男性は「友達と使っている商品の話や、情報収集方法について話すことはほとんどない」という声が多く聞かれています。

例えば、ヘアワックスに関する情報収集の実態を聞いてみた際も、「何のワックス使っているかは、友達と話すことはない。友達の家に泊まりに行ったときに友達の使っている商品を見て、これいいの?と話すくらい」という声があり、自分たちの使用している商品について友達に積極的におススメはしないし、より良い商品を見つけるために人に相談もしていない実態が見られています。もちろん、中にはSNSを活用した情報収集を実践している男性も見られますが、彼らは共通して相談相手がいます。

ちなみに、SHIBUYA109 lab. で毎月Z世代女性100人を対象に実施した調査を基にトレンドレポートを作成していますが、男性のトレンドに関しては1年に1度の調査にしています。その理由は、トレンドの切り替わるサイクルを検証したところ、男女でスピード感が異なったためです。このように、消費や情報収集のためのコミュニケーション量の違いが、男女の検索スキルやトレンドサイクルの差を生んでいるのです。

まとめ

Z世代にとっては、リアルもデジタルも両方とも「リアル」なのです。これはSNSによって周りの人と常時接続状態が実現したことで、コミュニティが変化し、コミュニケーションが様変わりした結果です。それだけでなく、消費価値観と行動にも大きな影響が出ています。そして情報収集方法においても、自らアクセスせずとも自動的に集まってくる膨大な情報との上手な付き合い方の型が、既に完成しています。情報を見極めるリテラシーは非常に高いですし、簡単にこちらのペースに乗せられると高をくくっていると、痛い目を見るかもしれません。

第1章で前述した通り、消費の自己裁量権を獲得した時期の消費の価値観は、歳を重ねてもなお残り続けます。

SNSで様々な価値観や情報に触れ、画像や動画を中心としたコミュニケーションをしているZ世代が5年後10年後に消費の中心を担う世代になったとき、「うちの会社はSNSが弱いんだよね」と言っていられるでしょうか?

彼らの消費行動の選択肢に入れてもらうためには、SNSというプラットフォームは避けては通れません。彼らにとってSNSがどんな場所であり、何を大切にしているのかを理解することが、初めの一歩となるでしょう。

第3章

消費行動における4つの価値観

体験消費

4つの消費行動

ここからはZ世代が時間とお金を使う際に重視している「消費行動における価値観」についてお話しします。

SHIBUYA109 lab. では、Z世代の消費行動を、大きく4つの価値観に基づいて捉えています。それは、「体験消費」「失敗したくない消費」「メリハリ消費」「応援消費」です。

そして、これらの消費価値観と、行動の背景には必ず、「こうありたい」というモチベーションがあります。実際に確認される実態そのものだけでなく、このモチベーションを理解することが、彼らを正確に捉えるために非常に重要になります。

もちろん、消費トレンドを把握することも重要です。しかし、トレンドというのは表層的なもので、今はSNSの影響もあり非常に刹那的です。

私たちは2017年より毎月100人のZ世代から聴取したアンケートを基にトレンドレポートを作成していますが、人気のインフルエンサーは半年で顔ぶれが変わりますし、トレンドとして話

Z世代の消費行動における価値観

体験消費

“モノ”よりも、リアルや
オンラインで共有・共感する
“コト”に価値を感じる。

メリハリ消費

自分が価値を感じるものに
お金と時間を投資。
後は節約。

失敗したくない消費

買い物に慎重。
間違えたくない。

応援消費

社会や他者への貢献意欲が高く、
応援したい・親近感を
感じるものにお金を使う。

題になったとしても、早ければ2週間ほどで「古く」なってしまいます（毎月ヒアリングしている私でさえ、毎月知らない新しいトレンドがあります）。日々膨大な情報に接する環境であることから、トレンドの変わるサイクルはさらに加速しているように感じます。そのため、その時々のトレンドを知っているだけでは、商品開発やプロモーション施策に落とし込み、1〜2年後にビジネスとして展開する頃には見向きもされない危険性もあります。だからこそ、トレンドの変化に惑わされるのではなく、消費価値観をしっかりと理解する必要があるのです。

まずは「体験消費」について。これは文字通り、何かを体験することにお金と時間を費やす行動です。「モノ消費」に対して「コト消費」ともいわれます。Z世代はモノではなく、誰かと時間を共有する〝コト〟にお金をかける傾向にあります。

「体験」の中には、テーマパークや旅行に行くなどの非日常的な機会だけでなく、カフェに行ったり、お買い物に行ったりなど日常生活で経験するものも含まれています。

コロナ禍でも、積極的に体験を生み出す様子が見られました。外出制限により思うように遊ぶことができなかったときにも、自宅でカフェ気分を味わえるようカフェメニューを手作りし「おうちカフェ」を楽しんだり、遠方への旅行ができないときには、自宅付近のオシャレなホテルに宿泊し、友達の誕生日を祝っていました。韓国カルチャーが好きな人たちは、韓国旅行気分を味わうため、韓国フードを買い集め、ホテルで「渡韓ごっこ」をしていました。

彼らは適応能力を発揮し、どのような状況でも体験を生み出すための試行錯誤をしています。

Z世代の体験消費のモチベーションは「コミュニケーション」の創出です。そして、彼らが生み出したいコミュニケーションは、体験をしているその場で発生するものだけではありません。体験の様子をSNSに投稿することで、SNSで繋がる友達と、さらにコミュニケーションを広げることまでが、彼らのコミュニケーションの完成形であり、体験消費のモチベーションなのです。

体験から逆算して消費する

皆さんは、どこか旅行やカフェに行くときに、その場所の雰囲気に合わせて当日の服装を考えたことはありますか？　そして、一緒に体験に行く相手とファッションの系統（コーディネートの方向性）を合わせよう、と考えたことはありますか？

実はZ世代の間では、どちらも当たり前に行われていることです。彼らの体験は準備段階から始まっているのです。

生の声

遠出できないから、都内のオシャレなホテルでホカンスする。

生の声

同じ系統の服装を着ていた方が仲良さそうに見えるし、世界観に溶け込む。

ファッションは体験を彩るための重要な要素であり、彼らの体験消費を語る上では欠かすことはできません。

彼らはファッションを「ブランド」ではなく「ファッションテイスト」で楽しんでおり、彼らに「好きなファッションブランド」を聞いても「特になし」という回答が最も多くなります。しかし、好きなファッションテイストを聞くと、「韓国モノトーン」や「フレンチガーリー」「量産系」などの答えが返ってきます。

そして、1人当たり平均2～3種類のファッションテイストを着回していて、遊びに行く場所や相手に合わせて使い分けているという実態があります。

ファッション以外にも自己表現の方法や場所がある今、彼らにとってファッションは自己表現ツールではなくコミュニケーションツールの位置づけなのです。

例えばテーマパークに行く際には、友達と服の系統を合わせてリンクコーデ（互いのコーディネートにリンクする部分があるコーディネート）や、おそろコーデ（お揃いのコーディネート）をすることがあります。また、白を基調としたカフェに行く際には、友達と淡色コーデ（ベージュや白を基調とした淡い色での全身コーディネート）をします。これらは当日を迎える前に事前に友達と連絡し合い、相談して決めているのです。彼らはなぜそのようなことをするのか。

第2章にも書きましたが、その理由は「その方が仲良さそうに見えるから」なのです。この言葉から、彼らは自分たちが互いの関係性を定義するのではなく、第三者からどう見えるかを、圧倒的に意識していることが分かります。

また、「その場所の世界観に溶け込んだ方が映えるから」という回答も聞かれます。

環境に溶け込む統一感を重視しているという発言は、写真や動画を撮影することが前提になければ出てこないでしょう。写真や動画を介したビジュアルコミュニケーションが主流であるからこその感覚です。

ＳＮＳに投稿したら、周りからどう見えるのか。そしてその投稿を中心に、一緒に体験を楽しんだ友達以外の人と、二次的なコミュニケーションをいかに生み出せるのか。彼らが体験を写真や動画に収める際に重視するポイントは、全てこの2点に集約されます。

体験を「再現」することでトレンドに参加する

彼らはSNSに投稿することを前提に体験を楽しんでいます。そしてこれはファッションだけではありません。

食事やお部屋作り・旅行など、多岐にわたるカテゴリにおいて、彼らが求める「理想の体験」を完成させるために必要な商品やサービスを消費しているのです。

生の声
インスタで見たトレンドのスイーツは、美味しいことよりも答え合わせをする感覚。

生の声
食べてみるとSNSの評判と違うこともあるけど、友達と「違ったね」と話すことが楽しい。

そのため、モノを買ってから体験を設計することはほとんどありません。モノを買うときには既に彼らの頭の中に実現したい〝理想の体験〟のイメージができていて、その体験に必要なモノを買い揃えます。

SNSで話題になっている「渡韓ごっこ」を再現するために、都内の韓国っぽいホテルを予約し、韓国フードやお菓子を買い揃え、友達とお揃いのパジャマを買います。多くの場合、彼らにとっての理想の体験のほとんどは、SNS上で事前に確認することができます。彼らは既に誰かが体験している投稿をお手本にして、それを再現することを楽しんでいます。私たちはこれを体験消費の中でも、特に、「再現消費」と呼んでいます。

この「再現消費」の実態を、食を例に解説します。

まず、Z世代が食に対してどのような価値観を持っているのかというと、私たちの調査の結果では、「食を楽しむには、空間も大事だ（64・6％）」、「食は誰かと楽しむためのもの（55・8％）」、「食を楽しむときも行く場所や人に合わせてファッションにもこだわる（43・8％）」という項目に高い数字が出ています（※6）。

彼らは食においても、空間とファッションの統一感と、それを誰かと共有することを重視し、食をきっかけに周囲とのコミュニケーションを創出することがモチベーションになっているのです。

では、彼らの食の楽しみ方の実態解像度をさらに上げてみましょう。

彼らが話題のカフェに行くときには、まずSNSでそのカフェの様子を確認します。つまり、カフェに行く前に既にそのカフェの全貌を知っている状況なのです。しかも、そのカフェについて複数の投稿をチェックすることで、「どんな写真を撮ることができるのか」「お店に行ったら絶対に頼むべき看板メニューはどれか」「どんなファッションならカフェの世界観に溶け込めるのか」など、このカフェを最大限に楽しむための「再現ポイント」を集めます。

もちろん、このような「撮れ高」だけでなく、味の評価なども確認しています。しかし、彼らにとって一番のモチベーションは「コミュニケーション」です。そのため、そこまで味を重視していないケースも見られています。以前トレンドの食に関してインタビューをした際には、「もちろん美味しいに越したことはないけれど、たとえSNSでの評判と実際の味が異なったとしても、一緒に訪れた友達と『評判ほど美味しくなかったね』などと感想を共有することができれば、それだけで楽しい」という声もありました。

彼らはトレンドを写真の撮り方や評判を含め、SNSで見た誰かの体験を追体験し、「答え合わせ」をする感覚で楽しんでいます。

「話題のあのお店に行った」という経験は、いつの時代も会話のきっかけになりますし、「ここに行ったらこの写真を撮るのが定番！」という情報は、観光スポットを訪れる際には必要不可欠のネタです。トレンドを楽しむ姿勢はこれまでの世代と変わらないと思います。しかし、Z世代の特徴は、観光スポットなど非日常的な場所以外にも、再現したい体験が、より身近なところにも溢れていることです。

もちろん、こうした体験をリアルタイムで投稿することで、タイムラグなく時間を共有することは、SNSで常に繋がっているからこそできるワザです。

「再現性があること」はZ世代のトレンドにおいて重要なポイントです。

近年、Z世代のトレンドの中心にあるTikTokは、再現性のある体験を見つけるには最適なプラットフォームです。例えば、SHIBUYA109 lab.トレンド大賞2021のカフェ・グルメ部門にランクインした「地球グミ」は、包装を噛んで開けて食べる「食べ方」をマネすることが楽しまれました。

また、コンテンツ部門にランクインした作品は、コンテンツそのものだけでなく、キャラクターのセリフをマネすることがトレンドになりました。再現のハードルが低く、誰でも参加できるトレンドが多く集まっているからこそ、TikTokはZ世代からの注目度が高いと考えています。

SNSで見つけたトレンドを再現することで、簡単に、コミュニティの一員であることを演出することができますし、共感を生むことができます。彼らが再現性を重視するのは、こういったコミュニケーションのコスパが高いことも理由の一つです。

生の声

写真は雰囲気を盛りたい。

マーケティング的な観点からいうと、彼らの体験消費を活発にするためには、つまり消費のモチベーションを高めるためには、写真や動画を介して、「こんな体験をしてみたい！」「この体験を再現してみたい！」と感じてもらうことが非常に重要です。

キーポイントは、〝視覚的な体験設計〟です。

まずはZ世代がどのような写真や動画の撮影方法を求めているのかを、分析してみましょう。

彼らにとって、どこに行くにも写真や動画を撮影するという行為は必須です。そして、SNSに投稿し、友達に共有できるクオリティの高いもの――いわゆる「映える写真・動画」を撮影することに力を注いでいます。

SNSに投稿する写真は1枚でも、その1枚を撮るために何十枚、何百枚もの写真を撮影し、その中からベストショットを吟味しています。

「映え」と聞くと、今や時代遅れになっている印象を持たれる方もいるかもしれません。しかし、映えを甘く見てはいけません。

映えを構成する要素と、彼らのこだわりポイントを理解することが、彼らの体験消費のモチベーションを高める初めの一歩です。

前述した通り「インスタ映え」が流行語大賞に選ばれたのは2017年。年月が経過する中で、その言葉の定義となる写真のテイストや撮影の構図は変化しています。これまでの映えの変遷をまとめたのが99ページの図です。

2017年頃の「映え」の多くは、天使の羽のイラストのような完成度の高いグラフィックが描かれた「映え壁」を背にして撮影されていました。当時、多くの映え壁は旅行先やイベント会場など、非日常でしか味わえなかったため、この頃の映え体験は貴重なモノでした。また、Instagram

が若者の間で使われ始めて間もない頃だったこともあり、映える方法も画一的で、カラフルな色味が加工で強調されています。いわば、「映え1・0」の時代です。

2019年頃になると、映えスポットが集約されたミュージアムが増え、フォトスポットに奥行きが生まれました。人々も映え慣れしたこともあり、写真への写り方も、壁の前でカメラ目線でポーズするのではなく、目線をはずして写るなど、被写体としてのスキルも上がっています。また加工しすぎないことにも目が向けられるようになり、ナチュラルさも重要視されるようになりました(「映え2・0」へ)。

2022年頃になると、さらに「映え」は進化します。

約5年間、映えを追求してきた彼らのスキルが上がっただけでなく、コロナ禍により外出ができず、自宅で「映え活動」を行うことが増えた影響もあり、映えは、もはや日常化しました。これが「映え3・0」です。

そのため、撮影場所も、用意された映えスポットではなく、日常の中にある、さりげなく自然に映える場所を求めるように変化しています。

また、各自の映えスキルが高まったことにより、「自分が好きな世界観」に合わせて、映えを取捨選択するようになりました。加工方法も自分の好きな世界観によって異なるため、細分化・多様化しています。

「映え」の定義の変化

映え1.0

"超"非日常
加工で強調された
画一的な「映え」

2017年頃

映えの構成要素：**2D映え**（映え壁×人物）

映えの作り方：平面の映え壁の前で撮影

ポイント：#加工で誇張 #カメラを意識

映え2.0

非日常を重視しつつ
ナチュラルさにも注目
「映え」が徐々に多様化

2019年頃

映えの構成要素：**3D映え**（フォトスポット×人物）

映えの作り方：奥行きのあるフォトスポットで撮影

ポイント：#自然な加工 #カメラ目線なし

コロナ禍

映え3.0

「映え」はより日常に
世界観への同化を重視
「映え」は細分化・多様化

2022年

映えの構成要素：**4D映え**（奥行きのある背景×人物×情緒）

映えの作り方：好きな世界観を演出できる映える場所を自分で探して撮影

ポイント：#世界観に同化 #顔を写さない

2017年頃の「映え1・0」では、「背景」と「人物」の2つの軸で表現されていましたが、最新の「映え3・0」では、さらに「写真全体が醸し出すニュアンス・空気感」という軸が追加され、「インスタ映え」を叶えるための要素は5年ほどで2Dから4Dになっています。

このように、「映え」はトレンドだけでなく、Z世代のビジュアルコミュニケーションスキル（映えスキル）の高まりに応じて変化しているのです。

「映え」は彼らのコミュニケーションのきっかけです。「映え3・0」の時代に、「映え1・0」の写真を撮ってしまうと、周りの友達にダサいと思われてしまうかもしれない。友達との親密なやり取りが生まれる可能性は低くなります。

企業がコミュニケーションの上で「映え」を意識することは、もはや常識です。Z世代が求めるクオリティが実現できていない場合は、見向きもされないでしょう。

SNSを通じて彼らとの接点を持つことが欠かせない今、この「映え」のアップデート状況を把握することは、ビジネスパーソンの必修科目です。

生の声

投稿したときにフィードがごちゃごちゃしちゃうから顔は写さない。

「映え3・0」を生み出した彼らの「映え」における最優先事項は「世界観」です。写真を撮影する際も、自分ではなく世界観を優先させ、同化することを意識しています。世界観への同化を重視するあまり、顔を写すことも避けているケースさえ見られています。世界観を表現するには、自分の「顔」が邪魔になることもあるのです。

また、彼らの考える「世界観」は、1枚の写真で完結しておらず、SNSに投稿する写真全てに波及しています。Instagramに投稿し、自身のプロフィール画面でフィード投稿が一覧になったとき、投稿した写真全体の統一感があることで、初めて彼らの求める世界観が完成するのです。

彼らがここまでこだわるのは、やはりビジュアルコミュニケーションが主流であることが関係しています。

自己満足的な観点もありますが、SNSアカウントが自己紹介代わりになるため、〝周りから見られたい自分〟を演出することにも繋がるのです。自分がどのような世界観が好きなのかを共有することで、交友関係を深めたり、広げるきっかけにもなります。

コロナ禍では、マイメンとの体験を楽しむ

先述した通り、Z世代はコロナ禍でも積極的に「体験」を生み出していました。また、コロナ禍の影響を受けて気心の知れた友達……いわゆる「マイメン」（特に親密な間柄の人）と過ごす時間が増え、自分の安全圏ともいえるコミュニティを確立しました。体験消費にもこの傾向は表れており、コロナ禍にはマイメンと楽しむことができる手作り感の強い体験が楽しまれました。

生の声

親友とお揃いのものを作るのにハマってる。

例えば、仲間で集まってすることはといえば、自宅でカフェフードやヲタ活グッズのビーズアクセサリーを手作りしたり、最近ではタフティング（オリジナルラグの制作）体験に発展し、ついにはアートバーでオリジナルアートを作るなど、ものづくり体験を楽しむ実態が見られています。

これらは創作物が出来上がるまでのプロセスはもちろん、友達と共有した体験を形に残すことができるのも魅力です。気心が知れた友達と、デジタル環境でゆるく繋がり続けることが当たり前な彼らでも、手作り体験の過程を共有し、関係性を形に残すことで、コミュニティの絆を確認したいのです。

体験に没入・集中する環境を求めている

体験消費の多くは、オフラインでの体験が重視される傾向にあります。これだけデジタル環境が発達している中でも、彼らのコミュニケーションの根源はオフラインにあるのです。この理由を一言で表すと「思い出に残りやすい」から。

言い換えれば、デジタル感覚の均質化された環境にはない、手触り感のある体験を求めているのです。

生の声

サブスクで映画は見れるけど、映画館で見ると映画に集中できるし、友達と一緒に見る感覚が強いから思い出に残る。

常に、情報過多・コンテンツ過多になっているスマホの中の世界では、消費量は増えたものの、一つの情報やコンテンツに対するグリップ力は落ちています。

映像コンテンツを例に挙げてみましょう。インタビューで「サブスクサービスで映画を見る回数は増えたけど、どんな内容だったのかあまり覚えていないことがある」と話すZ世代がいました。たくさんのコンテンツに触れるようになった結果、一つ一つが記憶に残りにくくなっているようです。コンテンツを視聴中に、複数のデバイスを同時に使い、「ながら見」をすることが増えていることも関係しています。テレビを見ながらスマホで動画を見て、友達とチャットのやり取りをするというように、一つのコンテンツを集中して見ることが少なくなったのです。

一方、オフラインでの体験は、スマホの中では味わえない没入感があり、一つの行為に集中できる環境でもあります。たとえそれがSNSで見つけた誰かの体験の追体験だったとしても、その場で感じる感覚は自分だけのものです。コミュニケーションを生み出す前に、そこでしか味わえない体験を楽しむことに向き合い、没入する。デジタルネイティブであるZ世代だからこそ、このような経験を重視しているのではないでしょうか。

まとめ

Z世代が楽しんでいる体験消費のポイントは、次の3点です。

①　体験から逆算して消費する

②　体験を再現してトレンドに参加する

③　コロナ禍で生まれたマイメン（親密な間柄にある人）と体験を楽しむ

Z世代の「体験消費」に対するモチベーションは次の3つに集約されます。

①　演出：周囲から◯◯と思われたい（見られたい）

②　繋がり：周りとの繋がりを感じたい（新たな繋がりを作りたい）

③　承認：コミュニティの一員であることを感じたい（コミュニティ内の話題に参加したい）

失敗したくない消費

非常に慎重な意思決定

「失敗したくない消費」とはその名の通り、「失敗したくない」という意識のもとに行動する価値観です。買い物だけでなく、進路の選択やコミュニケーションの現場など、様々なシーンでこの考え方がついて回っている様子が見受けられます。これまで様々なテーマでインタビューを行ってきましたが、「失敗したくないから……」という前置きをしてから話すZ世代にたくさん出会ってきました。失敗を回避しようとするために、意思決定において非常に慎重な姿勢が目につきます。

生の声
友達に失敗しているって思われたくない。

「失敗したくない消費」のモチベーションは、大きく分けて2つです。

一つは、「限られた時間やお金を有効に使いたい」ということ。私が普段接しているZ世代は現在、十代から二十代前半であることから、学生がほとんどです。そのため収入も限られており、お小遣いやアルバイトによる収入は月々およそ5万〜7万円ほど。その中で交際費やファッション、コスメ、食費などのやりくりをしなくてはなりません。実家住まいであれば家賃や食費などはかからないし、それだけあれば大人よりも自由に使えるお金はあるのでは?と思うかもしれません。しかし、消費の自己裁量権を獲得したての段階であり、消費の軸足も定まっておらず、消費意欲旺盛な年頃である彼らにとっては、どれだけあっても足りないと感じられるのです!

また、お金だけでなく、「時間」も「失敗したくない消費」の対象になります。これに時間をかけると損するのではないか、という吟味する姿勢です(これは、次の項の「メリハリ消費」とも関わってきます)。

もう一つは、「周りに◯◯と思われたくない」という気持ちです。

他者の目に対する意識が強いために、失敗することで周りにどのように見られるのかを恐れている傾向があります。先ほどの体験消費においても周りの目を意識した行動が見られています。しかし、「失敗したくない消費」に関しては、どちらかというとリスクヘッジ的な要素が強いことが特徴です。

例えば、ファッションについては「個性は大事にしたいけど、周りから浮いていると思われたくない」という声がよく聞かれます。また、「マッチングアプリで恋人を探していると友達に思われたくない」という理由から、マッチングアプリを利用していることを隠している人も少なくありません。常に「周囲からどう見られるか」の判断を間違えないように心掛けているわけです。

生の声
他の人がどんな評価をしているのか確認してから買う。

あらゆる消費で失敗しないために彼らが力を入れていることは、事前の情報収集です。彼らは何かを購入する前工程に時間をかけ、多くの情報を集め、吟味することで、買い物の精度を高めようとしています。客観的な意見を様々な角度から収集することで、「失敗しない消費」を実現しているのです。

先述した通り、彼らのメインの情報源はＳＮＳであり、各ＳＮＳの特性に合わせた情報収集を行っています。そして様々な視点から商品情報や評価を確認し、比較検討を行っています。比較検討において最も重視されているのが、「他人からの評価」です。商品やサービスに関する情報を探すとき、彼らはブランドの公式の情報よりも先に口コミに触れています。一つの商品に対して、誰がどのように評価しているのかによって、その商品が比較検討のテーブルに載るかどうかが変わってくるわけです。

生の声
友達は私の好みを知っているから、それに合わせておススメしてくれる。

生の声
ＳＮＳで見た商品について、友達との会話でも出てきたら気になっちゃう。

ちなみに、ここで言う他人からの評価は、いわゆる「口コミ」を指しますが、口頭での情報だけでなく、友達のSNSで投稿される内容も無意識的に口コミとして受け取っています。

Z世代にとっての口コミとは

そして、口コミには大きく2つの種類があり、それぞれ信頼に至るまでの過程が異なることも特徴です。最も信頼を獲得しているのは、友人・知人の口コミです。Z世代は家族と仲が良く、情報交換やファッションアイテムなどの共用も活発です。そのため、家族からのお薦めも参考にしているケースも多く見られます。皆さんも、何を買うべきかずっと悩んでいたときに、友達や家族の一言ですんなり購入を決めたり、友達がおススメしてくれた商品は比較検討をせずに買ってしまったという経験があるのではないでしょうか。身近な人は自分のことを最もよく知ってくれている存在です。日々のコミュニケーションも多いため、やはり信頼度は抜群です。

特に実際に使用してみた感想からは、商品に対する評価の熱量がダイレクトに伝わることも、口コミならではの魅力です。利用経験のない口コミの効果も決して低くありません。SNSで見つけて気になっていた商品についての情報を友達と共有した際に、単に、「私も知ってる！」という答えが返ってくるだけでも、その商品が自分のコミュニティ内で注目度が高いことを改めて認識し、その商品に対する興味が高まります。

生の声

動画のコメント欄に、一般の人がどんなコメントをしているのかもチェックする。

SNSを駆使すれば、あらゆる商品やサービスについてのリアルなレビューに気軽にアクセスできます。

口コミアプリを利用することもありますが、多くのZ世代は「○○○（商品やサービス・カテゴリ）／おすすめ」などの検索ワードを活用し、SNSで一般ユーザーの評価をチェックします。その際に確認するのは、投稿だけではありません。投稿された動画や写真に寄せられているコメント欄、そして各コメントに対する他のユーザーの反応も同時にチェックしています。

例えば、ある商品に対して、誰かのレビュー投稿があったとすると、そのレビュー投稿のコメント欄に、投稿者とは別の人が「この投稿には良いと書いてあるけど、実際はそこまで良さを感じなかった」とか、「この投稿みて買ってみたけど、良い商品だった！」など、一つの投稿をきっかけに、そこにはツリーのように他の口コミが連なっていきます。Z世代たちは、このコメント全体をざっと読んで、良い評価も悪い評価も全て目を通し、参考にするに値する口コミを判断します。

また、コメント欄に寄せられたコメントにつく「いいね！」の数も、良し悪しのバランスを判断する材料になっています。コメントに対する他のユーザーの「共感姿勢」から、そのコメントの信頼性に加重をつけているのです。

そしてSNSでの口コミは、インフルエンサーの存在なしには語れません。SHIBUYA109 lab.の調査では、「情報収集の際に参考にするもの」として最も多いのが「インフルエンサーの投稿」という結果も出ています。また、Z世代の約6割がインフルエンサーの紹介商品を購入した経験があることも分かっています（※4）。

生の声

参考にしているインフルエンサーは自分と年齢が近くて肌悩みが一緒。友達と話しているようなテンションで商品を紹介してくれるので分かりやすい。

インフルエンサーは、これまでの「芸能人」とは違う立ち位置です。「芸能人」というと、マスメディアの中で活躍している遠い存在で、ほんの一握りの人がなれる職業です。これに対してインフルエンサーは、「友達の友達」くらいの、より身近な存在です。誰でもインフルエンサーになれるチャンスがありますし、Z世代には友達にインフルエンサーがいる、というケースも多く見られます。

親近感と専門性

第2章でも触れましたが、改めて解説します。Z世代は、どんなインフルエンサーを参考にしているのでしょうか。

失敗しないための情報収集においては、ビジュアルやキャラクターなどのタレント性よりも、次の2つの要素が求められています。それは、「親近感」と「専門性」です。

「親近感」は、自分に近い人であることを意味します。年齢だけでなく、身長や体型・肌質が自分と似ていたり、生活スタイルや好きな世界観など、共感できる要素があることが重要です。自分に近い体型や感覚の持ち主であるインフルエンサーを参考にすれば、失敗する確率もぐんと下がるからです。

彼らはSNSアカウントからインフルエンサーへの親近感を感じるポイントを読み取りますが、インフルエンサーの方も、プロフィールに自分の年齢や身長などデモグラフィック情報を記載することが増えています。

「専門性」においては、例えば「日本化粧品検定」などを受験して専門知識を身につけていたり、成分表記に詳しいなどの実績があることを重視します。「なんかいい！」といったような曖昧な評価ではなく、「なぜこの商品が良いのか」を論理的に解説してくれることが信頼に繋がります。「インフルエンサーが紹介している商品を購入する理由」について聞いた調査においても、「紹介の分かりやすさ」「信頼している」という項目が上位に挙がっていることからも、Z世代が、インフルエンサーの丁寧な商品説明を重宝していることが分かります。

生の声

コピペしてる文章で投稿してたら〝ああ、案件か〟と思って信用しない。

インフルエンサーによる商品紹介がZ世代の購買に影響を与えているというのは、多くの方がご存じのことかもしれません。インフルエンサーはZ世代にとって憧れ・参考の対象になっていたり、応援対象になっていたりすることもあります。実際、「○○さんがおススメしているから買おう！」と、インフルエンサーに背中を押されている実態もよく見受けられます。しかし、Z世代たちはインフルエンサーたちの言葉をむやみに信じているわけではありません。私たちは、彼らのインフルエンサーから提供される情報に対するスタンスを理解する必要があります。

インフルエンサーの口コミ（PR案件）について

まず、Z世代たちは、「ステマ（ステルスマーケティング）」「PR」「企業案件」という言葉の意味を十分に知っており、インフルエンサーには企業からお金をもらって商品を「おススメする」仕事があるということも理解しています。また、過去に過度のステマで炎上しているインフルエンサーも見てきたため、大げさに効果効能や魅力を伝える場合があることや、最悪の場合、嘘であるかもしれないということも心得ています。多種多様な商品やサービスが世の中に溢れ、誰でも情報を発信できるようになっている時代だけに、その中で、受け手側として情報の信憑性を判断できるリテラシーが必須であることを認識しているのです。したがって、SNSの投稿を見ている憧れのインフルエンサーがおススメしているからといって、何も考えずに購入することはありません。しかし、全てのPR案件に対してネガティブな印象を持っているわけでもありません。また、PR投稿だから絶対に買わない、という強い姿勢で臨んでもいません。彼らはインフルエンサーのPR投稿に対しても、「本当に自分に必要かどうか」を見極めようとする、慎重な態度を常に取っています。

では、PR投稿を前にして、彼らは、具体的に、どのように判断を下しているのでしょうか。

一番簡単なPR投稿の見つけ方は、PR案件であることを表す「#PR」や「#ad」などのハッシュタグを確認することです。その上に彼らは、いくつかの判断基準からその投稿を観察することで、そのPR投稿が「本心でおススメしているかどうか」をなんとなく見分けることができます。

例えば、Z世代にPR投稿の見極めについて聞いてみると、「何人かのインフルエンサーが同じ時間に一斉に一つの商品についておススメ投稿し始めると、あ、お金もらってるな、と思ってしまう」という声や、「商品のおススメ文章が、言葉尻が違うだけで他のインフルエンサーと内容が同じだった」という声が上がってきます。

彼らが日々投稿をチェックしているインフルエンサーは、一人ではありません。ハッシュタグをたどれば、他のインフルエンサーの投稿にも簡単にたどり着くことができます。そして、紹介されている商品が気になれば、さらに自分でも深く情報収集をしていきます。その過程で「全く同じおスススメ投稿」があると、そこに違和感を抱き、企業の都合で「言わされている」であろうことを見抜くのです。

しかし一方で、「#PRとハッシュタグが付いていても、文章の書き方で本当におススメしているものは、ちゃんと伝わってくる」という声も聞きます。この違いは一体何なのでしょうか。

ポイントは、商品・サービスに対するインフルエンサー自身の熱量です。Z世代は、SNS投稿をつぶさに眺め、商品を紹介する際の文章や写真などの様々な要素から、各インフルエンサーのその商品に対する〝熱量〟を読み取るのです。要は、インフルエンサーが、自分自身のフィルターを通して、本当に良い！と言っているのかどうか。そして、それを信じてよいのか。この判断の際に、熱量を基準にしているのです。

この熱量は、インフルエンサーと彼らとの間に交わされている日々のコミュニケーションの積み重ねの濃度によって、その伝わりやすさが変わります。各インフルエンサーが日々何を大事にしていて、どんな姿勢で情報を提供してくれているのか？　フォロワーに対して誠実に向き合い、信頼関係が蓄積されているインフルエンサーなら、熱量が伝導しやすくなるわけです。

逆に言うと、フォロワーとの関係がしっかり築けていないインフルエンサーによる、付け焼刃的な対応では、熱量はたいして伝わりません。底の浅いおススメは見透かされ、その結果、見向きもされなくなってしまうのです。

失敗したくないZ世代にとって、嘘のないことや誠実であることが最も重要なのです。これはPR投稿だけではなく、通常の広告やプロモーションなどにおいても同様です。企業が「言ってほしいこと」をインフルエンサーに押しつけるだけでは、どれだけ人気のあるインフルエンサーを介しても、自社の商品やサービスとZ世代との関係性を築くことができません。嘘や誇張はもちろんのこと、SNSリテラシーの高い彼らには、「言わされている感」はすぐに見抜かれてしまいます。

PR投稿を効果的なものにするためには、インフルエンサーとZ世代の間に時間をかけて構築されてきた関係性を尊重し、本当におススメしたくなる要素を、インフルエンサー自身の文脈に落とし込んでもらう必要があります。

生の声

失敗したくないからお店に必ず行って試着してから買う。

Z世代の「失敗したくない」という意識は、オフラインの店舗の使い方にも表れています。彼らの失敗しないための行動は、SNSでの情報収集の後も続いているのです。

通販サイトで、時間や場所を問わずにお買い物ができる環境が当たり前であるZ世代ですが、彼らが購入場所として最も利用しているのは、実はリアル店舗です。

デジタルネイティブであり、なおかつ合理性を重視している彼らが、なぜリアル店舗で購入することが多いのか。その理由の一つは、まさに、お買い物に失敗しないためなのです。

先述したように、彼らはSNS上で様々な角度から情報収集を行った上で、いくつか購入候補の商品を比較検討し、購入に至るわけですが、購入決定まで慎重に吟味しています。つまり、購入に至るまでのリードタイムが長い傾向にあります。購入検討の時間を長く取ることで、衝動買いなどの失敗を避ける、という声もあったくらいです。

彼らはSNSで他者によるリアルなレビューを確認するだけでなく、自分の目で確認し、実物を触ったり、試着したり、タッチアンドトライする工程を欠かしません。

コロナ禍前の2018年頃に、ファッションアイテムのお買い物について、大学生20人を対象に約2週間の日記調査をしたことがあります。

一つのファッションアイテムを購入するまでの道のりをたどると、彼らがオンラインと店舗を何度も行き来する実態が数多く見られました。多くの学生は、まずはSNSで受動的に触れる情報から、なんとなく欲しいアイテムのシルエットイメージを作ります。その上で、総合通販サイトで近しいアイテムを探し、購入候補のアイテムをいくつかリストアップします。しかし、そのまま通販サイトで購入せず、リアル店舗に出向き、そのアイテムを試着します。試着することで自分が着用した際の着丈やシルエット、実際の発色や質感を確認するのです。

しかし、試着後そのまま店舗で買うことも、ほぼありません。彼らは一度自宅に帰り、もう一度通販サイトを確認します。そこでさらに類似品で価格が安いものがないかを探したり、友達や家族に相談したり、じっくり検討するのです。こうしてオンラインとリアル店舗を何度も行き来し、検討に検討を重ねた上で、ようやく購入に至るというわけです。

場合によってはＳＮＳ上で吟味し尽くし、店舗に行くときには既に欲しいものが大体決まっているケースもあります。下手をすると店舗のスタッフよりもそのアイテムについて熟知していて、「お似合いですよ」などの生半可な常套句では響かない、という声もありました。

買い物においてＺ世代は、購入を即決せずに、オンライン・リアル店舗の両方を活用しながら比較検討の時間を長く持つ。そうすることで失敗する確率を下げようという強い意志があるのです。

リアル店舗の役割

リアル店舗の持つ役割は、「失敗しないための買い物の場」だけではありません。リアル店舗に行くこと自体がエンターテインメントになっていたり、友人と体験を共有する場として楽しまれていることもあります。

したがって、買い物で失敗しないためだけを意識して売り場を展開しても、差別化要素がなく、選ばれなくなってしまうのではないでしょうか。

近年、ＯＭＯ店舗（Online Merges with Offlineの頭文字を取った言葉で、オンラインとオフラインを融合させ、新しい顧客体験を生み出すことを意味します）や、ショールーム型店舗など、

あなたは、どこでお買い物をすることが多いですか。（複数回答）

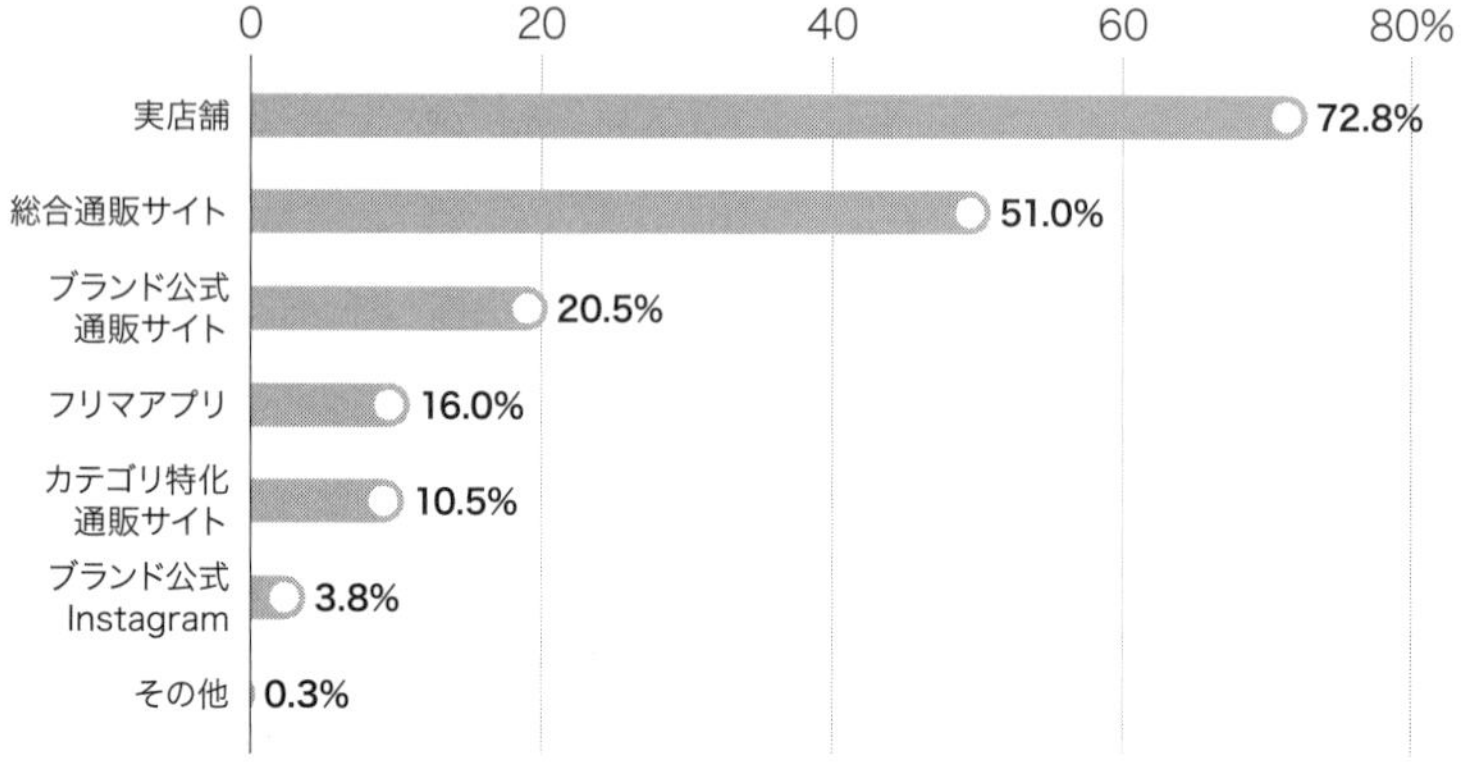

調査回答者：一都三県在住 15～24歳男女 学生（外部調査会社のアンケートパネルを使用）
調査実施時期：2021年12月　サンプル数：n=400（男女各200）

時代に合わせた店舗の在り方が試行錯誤されています。要は、リアルとデジタルを繋げること……と大人は思いがちですが、デジタルネイティブであるZ世代にとっては、その2つはもともと繋がっているものとして認識されており、そこに垣根はありません。売り場の意味の捉え方の次元で、少しギャップが生まれているのではないでしょうか。

ここまで解説した通り、新しい商品やサービスを知るきっかけの多くは実店舗ではなくSNSであり、購買フローや判断軸も、確実にこれまでの世代とは異なります。

こうした次の時代の消費を担うZ世代の買い物におけるフローや求める体験には、今後の店舗の在り方のヒントがたくさん詰まっています。

私は、比較検討から購入に至るまでの全体のフローにおいて、彼らの選択肢をリアル、デジタル両方の観点から広げていくことが非常に重要であると考えています。SNSを中心としたオンラインでの情報提供やコミュニケーションも含め、実店舗でのお買い物体験をどのように提供すべきか、設計の見直しが不可欠です。

生の声

パーソナルカラー診断でイエベ春って分かってから、コスメ選ぶとき迷わなくなった。

Z世代の「失敗したくない」という強い気持ちは、近年、さらに進化しています。

2021年中頃に、「ブルベ冬」（ブルーベース冬タイプの人という分類）や「骨格ナチュラル」という言葉がトレンドワードとして浮上してきました。これは自分の肌の色を診断する「パーソナルカラー診断」や、体型や体つきの特徴を診断する「骨格診断」の診断結果を表すワードで、この他にも「顔タイプ診断」など自分の特性を知る診断系のコンテンツが注目を集めています。

このような診断サービスは昔から存在するので、皆さんにとっても馴染みの深いものかもしれません。百貨店の担当者と情報交換をした際にも、以前から百貨店に来店する上の世代の方の需要を見込んで提供しているサービスと聞きました。しかし、最近は十代、二十代の若者の利用が増えているようです。

SHIBUYA109渋谷店でも以前、期間限定でパーソナルカラー診断ができるポップアップストアを開催しましたが、1カ月分の予約がオープン当日に埋まってしまうなど、反響の高さを実感しました。

インタビューの中でも「私はイエベなので～」（イエベはイエローベースの意味）というふうに、パーソナルカラー診断の結果を当たり前に話す人が増えましたし、市場にも、診断結果を基にした訴求方法を取り入れている商品が増えています。

Z世代たちは、これらの診断を通して自分の肌色や骨格の特徴を把握し、コスメやファッションアイテムを選ぶ際の参考にしています。

この背景には、診断結果を活用することで悩むことを減らし、お買い物の精度をさらに高めたいというモチベーションがあります。自分に似合うものを選べる確率が高くなることで、周りの人から、失敗していると思われるケースも減ります。彼らの「失敗したくない」という気持ちは、自分を知り、パーソナライズしていくことに行き着いたのです。

私はこの診断サービスの需要は、一過性のトレンドではないと考えています。本格的な診断サービスはやや高額なこともあるので、成人のお祝いに家族から骨格診断・パーソナルカラー診断サービスをプレゼントされることが当たり前になるかもしれないな、と予想しています。

生の声

自分の立ち振る舞いが変わってしまうかもしれないから、大勢の前で褒められたくない。

Z世代の失敗したくないという気持ちは、買い物に対する考え方に留まりません。コミュニティの調和や、コミュニケーションを乱すことに繋がる行動においても、実に慎重な姿勢が垣間見られます。

弊社に入社してきたZ世代の新入社員に、「みんなの前で褒められることが苦手」と打ち明けられたことがあります。私自身は、良いと感じた仕事には素直に称賛の言葉を贈りたいし、その方が相手の仕事におけるモチベーションにも繋がると思っていましたので、シチュエーションを気にせず相手を褒めることが多かっただけに、このカミングアウトには衝撃を受けました。本人にとっては「嬉しいけど気まずいこと」であったようです。彼らは常に周りの目を気にしており、調和を乱さないことを重視しています。褒められることで生じる、自分に向けられた評価よりも、周りにどう見られているかを意識してしまうようです。

そして、人前で自分が褒められている状況を見られることで、周りからのイメージが過度にポジティブなものに変化したり、それ以降、今よりも期待されることを恐れています。それがどんなに良い印象だとしても、必要以上に過度な期待を持たれることで、次に何か行動を起こして失敗してしまった際に、同じように過度に落胆されるのではないか……という〝振り幅〟（大きな変化）にも同時にリスクを感じるというのです。

もちろん、これは一例にすぎないため、全てのZ世代に当てはまることではありません。個に向き合い、それぞれに合わせた育成・サポートの形を見つけていくことが大前提ではあります。

とはいえ、Z世代がそれまで受けてきた学校教育の潮流においても、「1等賞を決めない」「みんなで協力し合って頑張ろう」という考え方が主であり、過度な個人への称賛は避けられてきたように思われます。したがって、彼らは全般的に、一人で何かに挑戦することやリスクを背負うことにも過度なプレッシャーを感じてしまう傾向にあります。そんな状況にあっては、「失敗したくない」こと、すなわちリスク回避を第一に考えるようになったとしても不思議はないでしょう。

これまで、様々な企業から、Z世代への対応の仕方に関する相談を受けることもありました。その中で、若手社員に対して、「チャレンジしたがらない」「挑戦するまでのスイッチが入るのが遅い」などの声が多く聞かれました。彼らの慎重な姿勢や目立ちたくないという意識を肌で感じている上司は多いようです。もしかしたら、上司としての接し方が、彼らの大事にしている調和を、意図せずに乱すことに繋がる環境を生んでいたのかもしれません。

彼らの「失敗したくない」という気持ちは、なかなか変わるものではありません。それまで培ってきた価値観を大きく変えることは、どの世代にとっても難しいことです。Z世代社員の育成においては、チャレンジの機会を小分けにして提供することで、失敗のリスクも極小化し、成功体験を少しずつ積み重ねることで自信を持つことができる状況を作り出す、というサポートが有効です。

手間暇かかりますが、成長する機会の提供の仕方を工夫することで、解決することもあるのではないでしょうか。

まとめ

Z世代の「失敗したくない消費」におけるポイントは次の4つです。

①お買い物だけでなく、何事も失敗したくないので、行動が慎重

②失敗しないために入念に情報収集（SNSで情報収集し、他人の評価から吟味する）

③検討に時間をかける（オフライン・オンラインを何度も行き来）

④失敗しないためにパーソナライズを選択。お買い物の精度をさらに高める

Z世代の「失敗したくない消費」に対するモチベーションは以下の2つです。

①調和：周りから○○と思われたくない・周りから「こう見られたい」から外れない

②効率：限られたお金や時間を有効に使いたい

メリハリ消費

節約と貯蓄

メリハリ消費とは、Z世代のお金や時間の配分における特徴であり、消費行動に、メリハリをつけるという意味です。

「メリハリ」という言葉は、漢字にすれば「減り張り」と書きます。語源は、音を「ゆるめること」と「張り上げること」。つまり、音の高低や抑揚を意味しており、転じて、物事の強弱や緩急をはっきりさせる様子を表します。

「減り＝メリ」に分類されるものに対しては、お金も時間もシビアに節約され、その分「張り＝ハリ」に分類されるものには、お金や時間をかけることを惜しみません。

もちろん、「メリ」に分類されることと「ハリ」に分類されることは人によって異なりますが、Z世代は、そこにかかるお金や時間と、得られる価値を天秤にかけ、バランスを吟味した上で、メリとハリの振り分けを上手に行っています。

メリハリ消費を象徴するキーワードとして、「コストパフォーマンス（コスパ）」と「タイムパフォーマンス（タイパ）」が挙げられます。

Z世代はこれらを重視する傾向にありますが、彼らは、あらゆる場面で効率的・合理的に無駄なく過ごしているわけではありません。自分自身で「価値がある」と感じるモノやコトだけに、お金を充て、時間をかけ、そうでないものはしっかり節約したいという観点から、消費にメリハリをつけているのであり、言い換えれば、限られたリソースを上手に配分しているという意味でもあります。

以下、2022年8月に実施した、私たちの調査の結果です。


【コスパが良いの定義】
①　料金が安い
②　一度買えば長く使えて長い間楽しめる
③　浮いたお金を自分の好きなことに充てられる

【タイパが良いの定義】
①　自分が価値を感じることに時間を割ける
②　無駄な時間を省ける
③　あらゆることを効率化できる

生の声

ヲタ活にお金をたくさんかけたいから、歩いて交通費を節約する。

このコメントは、Z世代と話しているとよく聞かれる言葉です。ヲタ活に対してお金を費やすために、新宿から渋谷など、通常は電車で移動するところを歩いて、交通費を節約します。1回の電車賃で考えるとわずかな金額ですが、塵も積もれば山となる、です。これは一例ですが、彼らはメリハリをつけることで有限な資源を有効的に使い、自分にとって理想の状態を実現しているのです。

生の声

高額だけどすごく欲しいものがあったときのために貯金している。

彼らの収入源はアルバイトやお小遣いが中心で、自由に使えるお金は毎月5・8万円ほどです。2021年に実施した調査では、お金の使い道として最も多かったのは交際費でしたが、次いで貯金が多い結果となりました。消費意欲が旺盛な年頃であるにもかかわらず、平均約30万円の貯金があるという実態も明らかになり、その意外な堅実さが垣間見られます（※5）。

この調査を実施した時期は、コロナ禍で外出制限がかかっていたこともあり、お金を貯金に回すことが増えていたようです。しかし、2022年に実施した同様の調査でも、平均貯金金額は39万1118円と、前年よりも増加していることから、彼らは貯蓄意欲も高いことがうかがえます（※1）。

しかし、彼らの貯蓄に対する意欲の高さは、そう単純には語れません。「無駄遣い」に対する警戒心の強さが、貯蓄という行動の背景に存在しているのです。

時間の使い方にもメリハリをつける

貯金をしているZ世代の声を拾うと、「毎月の貯金額を決めているのではなく、月収のうち月末に余った額を貯金している」「通常より収入が多かったときに、差額を貯金している」など、結果的に使わなかったお金を貯金に回す慎重な姿が浮かんできます。言い換えれば、お金をあるだけ使ってしまうということを忌避しているようなのです。

また貯金というと、ここまで読んできた皆さんは、「将来が不安だから貯金をしているのか」と思われるかもしれません。しかし実は、彼らの貯金は遠い将来のための用心ではありません。直近の未来で起こりうる「もしものとき」のために使うことが目的になっているのです。

彼らへのインタビューでも、「特に目的は決まっていないが、大きい買い物や旅行の足しにする」という声や、「留学など自分にチャンスが回ってきたときに、お金が出せるようにしたい」「パソコンとか、すごく欲しいけど高額なものがあったときに、貯金から支払えるようにするため」という声がよく聞かれます。これらのことから、彼らの貯蓄の理由は、10～20年後といった先の話を考えてのことではなく、1～2年後に起こりうる大きい金額の消費というポジティブな〝もしも〟に備えるためであることが分かります。
つまり、そのときの衝動的な買い物でお金を使うのではなく、未来に本当に欲しいモノ・コトのためにお金を回したいという「メリハリ」を意識しているともいえます。

生の声

節約のためにお買い物の前によく考える。衝動買いはしない。

生の声

無駄遣いしないために家計簿をつけている。

また、お金の使い方に関して特徴的なのは、貯金だけではありません。無駄なお金を使わないための節約術にも敏感です。限りある収入を有意義に使うためには欠かせないスキルかもしれません。ポイントを貯める以外にも、ＳＮＳで節約術をチェックしているZ世代も多く見受けられます。
最近のInstagramでは、画像内にテキストが多く書かれた「インスタマガジン」と呼ばれる投稿が人気となっていて、写真とテキストでより具体的な節約術を知ることができます。
他にも、「〝手取り××万円のＯＬの生活〟などのタイトルの投稿をチェックしている」や「学生の服の着回し術や、月々の服にかけるお金などを参考にしている」という回答もありました。また、アプリや手帳を活用し家計簿を日常的につけている様子もうかがえました。日常的に支出を記録し、自分が何にどのくらいお金を使っているのかを、〝見える化〟することで、支出の見直しを行っているわけです。

家計簿をつける理由として多かった声が、「浪費癖を直すため」。私たちが行ったＷＥＢ調査の結果でも（※1）、75・8％が「お金は極力無駄遣いせずに、貯めておきたい」と回答しており、無駄遣いに対する抵抗感があることが分かります。節約やお金の使い道に対して意識的に向き合っている彼らの日常を見ていると、「浪費癖がある」とは全く感じることはなく、むしろ自分のお金の使い方の甘さを反省している姿が印象に残ります。彼らは、自分がお金をかけたい対象に一極集中するために、自分を律するスキルが高いのだと感じます。

生の声

時間を無駄にしたくないので、映画はあらすじをネタバレ動画で見てから視聴する。

彼らのメリハリ消費は、お金だけではなく時間に関しても同様です。彼らの毎日は非常に忙しく、1日24時間では時間が足りないほどです。学校やアルバイト、部活や趣味などに加え、スマートフォンでは日々膨大な量の情報を受け取り、次々にレコメンドされる新しいコンテンツは、見始めるとキリがありません。情報過多の現代をサバイブするには、時間の使い方にメリハリをつけるための判断能力と手段を持ち合わせる必要があります。

映像コンテンツ視聴においては、時間のメリハリ消費の傾向がはっきりと表れています。ＴＶだけでなく、YouTubeやサブスクリプションサービスを中心に、日々、様々なコンテンツが提供されている今、自宅で自分の都合の良いタイミングに好きなだけ視聴することができます。そういう時代なだけに、自分が興味のあるものだけを取捨選択したとしても、全てを視聴することは困難です。その際に使われる手段として主に活用されているのが、「ながら見」「倍速視聴」「スキップ再生」「ネタバレ視聴」です。どのように視聴するかを決める主導権は彼らの手にあります。

中でも「ながら見」は8割のZ世代が日常的に実施しており、インタビューでも「TVを見ながら友達とスマホでLINEしている」「YouTubeを見ながらメイクをしていて、気になるところだけ集中して見る」などと言う人が多く、彼らの「ながら見」の実態が詳らかになっています。

複数デバイスを同時並行で稼働させながら視聴することは当たり前となっており、一つの映像コンテンツにおいても、集中して視聴するシーンとそうでないシーンを判断し、視聴においてもメリハリをつけていることが分かります。

「ながら見」の他には、再生速度をアップして視聴する「倍速視聴」や、飛ばし飛ばしで視聴する「スキップ再生」、事前に内容をある程度把握してから視聴する「ネタバレ視聴」がありますが、これらは常時行っているわけではありません。「ながら見」と比較すると実際に行っている割合も5割前後に留まっています（※7）。

そのコンテンツを視聴することで、彼らがどんなメリットを得たいのか。その違いによって、各映像コンテンツの視聴方法が変化します。

サブスクでの映像コンテンツの楽しみ方に関して、
あなたにあてはまる頻度を教えてください。（複数回答）

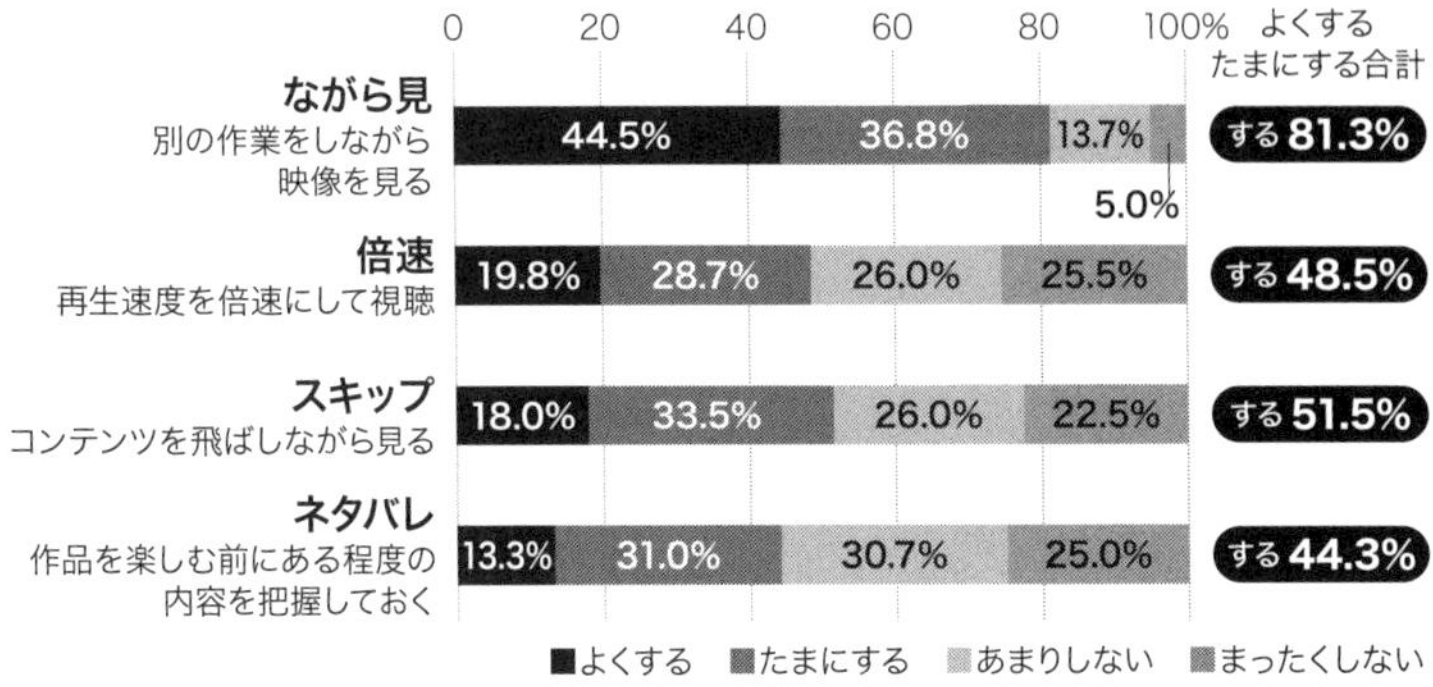

調査回答者：一都三県在住 15～24 歳男女　学生（外部調査会社アンケートパネルを使用）
調査期間：2022 年 7月　サンプル数：n=400（男女各 200）※動画配信系サブスク登録者

彼らの得たいコンテンツは、「他人軸」と「自分軸」という観点から、2つに大別されます。

「他人軸」の観点からは、周囲の人とのコミュニケーション創出が目的となります。

私たちの調査では、約7割が「友達が見ているコンテンツであること」が一つの視聴目的であると回答しており（※7）、インタビューでも「会話のネタにするために、話題の作品を見ている。初対面の人とでも、コンテンツの話なら盛り上がれる」という声が聞かれます。

友達に対して、「あれ、見た？」というようなコミュニケーションのきっかけ作りを目的とする場合であれば、「ネタバレ視聴」や「倍速視聴」を積極的に活用します。ここでは、「この作品のこんなところが良かった！」といった作品のディテールまでの言及は必要なく、要点だけ分かっていれば会話は成立します。

一方、「自分軸」の観点で眺めると、ここでは他人は関係なく、自分の中で深く楽しむことが主な目的となります。

その作品の世界観をじっくり味わいたいときには、「ながら見」も「スキップ再生」もしません。時には自宅ではなく映画館にわざわざ行って鑑賞もします。つまり、視聴空間にもこだわり、映像コンテンツにより没入できる空間を選択しています。視聴後も、SNSで他の人の感想をチェックしたり、時には何回も同じ作品を視聴することも試みます。「他人軸」で視聴するコンテンツよりも、深く楽しんでいるわけです。

要は、彼らは全てのコンテンツに、均等に時間配分をするのではなく、自分の求める価値に応じて、コンテンツとの向き合い方をカスタマイズしているのです。

このような映像コンテンツの視聴方法を実行しているのは、おそらくZ世代だけではないかもしれません。他の世代においても、取り入れている方がいることでしょう。「倍速視聴」や「スキップ再生」など前述した手法はZ世代が発明したわけではなく、テクノロジーの発達の中で、プラットフォーム側から提供された機能でもあります。

しかし、皆さんの十代～二十代前半の頃のコンテンツの視聴方法と比べてみてください。かつてはコンテンツ量も少なく、視聴するタイミングや場所はコンテンツ側に委ねられていて、選択肢は限られていました。そのため、一つの作品に対する渇望感や集中力が高かったという話も聞きます。そんな経験をしている方にとっては、「ネタバレ再生」や「倍速視聴」などの視聴方法はコンテンツに対する冒涜と感じたり、罪悪感を覚えることさえあるかもしれません。

一方、Z世代は日々さばききれないほどの膨大なコンテンツを受け取り、消費しています。常に見たいコンテンツが存在し、視聴後も内容やタイトルすらも覚えていないことが多々あるようです。

これまでの世代とZ世代の違いは、その価値観と情報環境の差に起因しています。Z世代は、自分の求めるものにメリハリをつける術を身につけたことで、有意義な時間を過ごすためには、ネタバレ視聴や倍速視聴などを躊躇なく選択できるのです。彼らと話していると、そもそもの情報処理能力も高く、コンテンツ消費の燃費も良いように感じます。そして何より重要なのは、その視聴方法の多彩さではなく、それらの視聴方法を用いることで、どんな時間を大事にしたいと思って時間を節約しているのか、ということなのではないでしょうか。

生の声

テーマパークでアトラクションに乗るよりも、ゆっくりパーク内のカフェで友達と話してた方がタイムパフォーマンスがいい。

Z世代が一番重視しているのは、限られたリソースを適切に配分すること。そしてその結果、自分にとって価値が高いと感じる状態を実現することです。

お金や時間を天秤にかけたとき、逆サイドの皿に載せられるモノ・コトとは何なのか。モノ（商品）であれば、お金に見合った機能性やデザインなどがイメージしやすいかもしれません。商品以外のコトにおいても、「どれだけの人とのコミュニケーションのきっかけが作れるか」や「周りからどんな人だと思われるか」など、周囲からの目を意識した損得も挙げられます。また、「友達との関係性をより深めることができるか」や「どんな気持ちになることができるか」なども、「コト」を重視するZ世代にとって、情緒的な満足感も重要な要素です。

メディアでは「若者の○○離れ」という表現がよく使われますが、Z世代からすると、「メリ」に振り分けられるものと認識しているだけであって、「離れている」意識はありません。むしろ企業や業界が若者から離れていったことの方が、このような「○○離れ」現象を起こしている要因だと私は考えます。

一度「メリ」に振り分けられたものが、「ハリ」になることは難しいかもしれません。しかし彼らが「ハリ」に分類しているモノやコトと掛け合わせることで、「メリ」のカテゴリは、一気に「ハリ」の消費対象となります。彼らが何を「ハリ」に入れているのかを理解することこそ、起死回生のチャンスを掴むことに繋がるのです。

まとめ

Z世代の「メリハリ消費」におけるポイントは次の2つです。

①全てを効率化したいのではなく、価値を感じることへの時間・お金を捻出するためのメリハリ

②節約対象になっている商品カテゴリは「ハリ消費」に目を向けて打開策を見つける

Z世代の「メリハリ消費」に対するモチベーションは以下の2つです。

①自己実現：好きなことにとことんお金と時間を使いたい

②効率：無駄なく限られたお金や時間を有効に使いたい

応援消費

誰かを「推す」文化

「応援消費」とは、共感できる人やモノを応援することにお金や時間を費やすことを指します。多くのZ世代から、この応援消費に対するモチベーションの高さを感じます。それは、Z世代は「誰かに貢献したい」という意欲が高いことが関係しています。彼らの他者への貢献意欲の高さの背景には、大きく2つの要因があると考えられます。

一つは、東日本大震災などの大きな自然災害を子供の頃に経験し、困ったときに助け合うことの大切さや、困っている他者に貢献したいという意欲が育まれてきたことです。そしてもう一つは、幼い頃からAKB48をはじめとしたアイドルが身近に存在し、誰かを「推す」文化が当たり前のように培われてきたことです。

生の声

ヲタ活は息をすることと同じこと。

「応援消費」は先ほど解説した「メリハリ消費」の中でも、「ハリ消費」に振り分けられ、積極的にお金や時間を使う対象とされているケースが多く見られます。

その象徴的な行動が「ヲタ活」です。ヲタとは、いわゆるヲタクのこと。つまり「ヲタク活動」を意味しており、SHIBUYA109 lab. の調査では約8割のZ世代が、自分がヲタクであることを自覚しており（※8）、年間15万円以上をヲタ活に費やしている人が最も多いという結果もあります。この額は、収入が限られている彼らにとって決して小さな額ではありません。

Z世代は誰かを応援するヲタ活にお金を回すために節約に励み、アルバイトを頑張り、お小遣いを貯め、時間とお金を推しに捧げているのです。

ヲタ活の対象は様々で、ファッションやコスメ・美容などであることもありますが、多くの場合は、アイドルやアニメ・漫画、音楽などのコンテンツです。いわゆる「推し」（自分が応援する人のこと）に声援を送ることに対するモチベーションが非常に高いのです。

ヲタ活の中でも、この「誰かを応援すること」に対する熱量は、どのインタビューにおいても強く感じられました。

私がSHIBUYA109 lab. のマーケティング活動を始めた頃から、若者の間ではヲタ活は当たり前で、誰もがやっていることでした。むしろ、ヲタ活をしていない子の方が珍しいという状況だったと記憶しています。

彼らと話していると、必ずと言っていいほど「推し」の話が出てきますし、推しの話をしているときの彼らは、何の話をしているときよりも多くの熱量を発しながら語り、一番輝いています。

Z世代に「あなたにとってヲタ活とは？」という問いかけをすれば、「息をするのと同じこと。生きる意味である」などという答えが返ってきます。いわば、生き甲斐であり、生活に欠かせない重要なピースなのです。

生の声

自己紹介をするときには必ず推しの話をする。

なぜ、Z世代の間でこれだけヲタ活が当たり前になっているのでしょうか？　それには、「ヲタ」のイメージの変容が要因の一つとして挙げられます。

皆さんは、「ヲタ」と聞くと、どんなイメージを思い浮かべますか？　これまで映画やドラマで話題になった『電車男』（2005年）や、AKB48のファン活動などで、ヲタたちの実態が注目を集めました。当時、「ヲタ」として登場してくる人たちは、ネルシャツをズボンにインしてリュックを背負い、頭にはハチマキをしている男性が中心でした。ヲタのコミュニティもニッチで閉ざされていて、どちらかというとネガティブなイメージ。皆さんが「ヲタ」と聞いて思い浮かべるのも、こんな感じではないでしょうか。

しかし、Z世代にとってのヲタ活は、ポジティブでオープンなものです。

SNSでは、「#推しのいる生活」や「#ヲタ活グラム」などで検索すると、オシャレにヲタ活

あなたには推しがいますか？
もしくはヲタ活をしていますか？（単一回答）

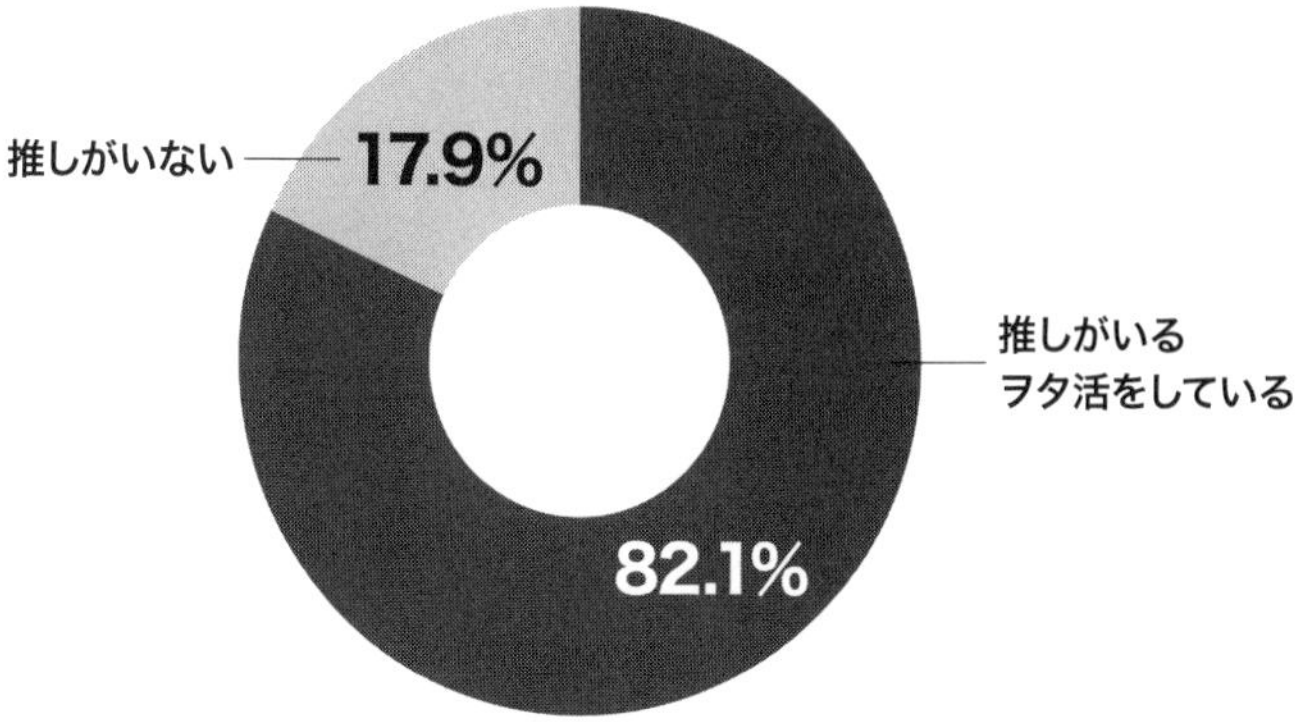

調査回答者：一都三県在住 15～24 歳女性　学生（外部調査会社アンケートパネルを使用）
調査期間：2022 年 5月　サンプル数：n=525（10代 315名／20代 210名）

を楽しんでいる様子が確認できます。「推し」は違えど、ヲタ活をしている人は多く、マス化しているため、「自分が○○ヲタである」ということを共有しやすい環境であることから、ヲタを自称することに対してあまり抵抗はありません。

またこれには、彼らの生い立ちとアイドルカルチャーブームが並走していることが影響していると推測されます。Z世代たちのこれまでのヲタ活ヒストリーを聞いてみると、ヲタ活の始まりは「ミニモニ。」や「AKB48」と答える子が多いようでした。彼らは幼い頃からアイドルを応援するカルチャーに触れており、小学生の頃から友達と推しの話題で盛り上がっていたのですから、それが〝推しのいる生活〟を送る基盤となったことは自然な流れだったのではないでしょうか。

このように、「ヲタ」の社会的認知も変化し、

ＳＮＳによって楽しみ方も広がったことで、Ｚ世代にとってヲタ活は非常に身近になっており、欠かせないライフワークにもなっているわけです。

また彼らからは「自己紹介をするときには必ず推しの話をする」「自分からヲタクを取ったら何も残らない」という声も聞かれており、ヲタ活は彼らにとってアイデンティティにもなっていることが分かります。

皆さんもご存じの通り、「ヲタ活」は、Ｚ世代だけが楽しんでいるカルチャーではありません。１９７０年以降、様々なアイドルやアーティストが注目を集め、大きなムーブメントを起こしてきました。当時「親衛隊」と呼ばれていた人たちは、Ｚ世代から見れば、まさに「ヲタ」です。

Ｚ世代たちのヲタ活に対する熱量は、もしかしたらこれまでも楽しまれてきたヲタ活と、ほとんど変わらないかもしれません。

しかし、これまでと大きく違うのは、ヲタ活の場所がコンサート会場などのオフラインだけでなく、ＳＮＳにも広がっていることです。ＳＮＳによってリアルタイムの推しの様子を見られるなど、より推しを身近に感じられる環境が出来上がりました。そして、学校に同じコンテンツが好きな友達がいなくとも、ＳＮＳ上でヲタ友を作ることもできます。ヲタ活の楽しみ方もＳＮＳで共有され、その活動の範囲は無限大です。

生の声

頑張ってどんどん成長する姿を応援したいから推している。

お伝えしたように、Z世代がこれほどにまでヲタ活に熱狂するモチベーションの根底には、応援&貢献の意欲があります。企業が彼らの応援消費の意欲を掴むには、彼らが応援したくなる要素を把握する必要があります。

応援意欲を掻き立てるコンテンツの共通点

実際に、彼らの応援意欲をワシ掴みにしている人やコンテンツには、いくつかの共通点があります。

一つは、「プロセスに並走できる」ことです。例えば、彼らの「推し」にはアイドルのオーディション番組で結成されたグループも多く見られます。オーディション番組では、デビュー前のほとんど素人である段階から、候補者として様々な試練を乗り越え、試験を突破し、様々なドラマを抱えながら、デビューへの道を歩んでいきます。オーディション番組の魅力は、推しが成長していく「過程（プロセス）」を眺めることができる上に、彼らと「並走」する感覚が得られることです。

彼らは「なぜ、この人がグループに加入することになったのか」という背景にあるストーリーを大切にしています。グループが結成されるまでの道のりで、推しが大変な努力を重ねていく姿や、メンバー間の関係性が構築されていく様子を重視しています。そこから共感できるポイントを見つけ、応援意欲を高めているのです。

スターになっていく過程がリアルタイムで共有されることで、推しをより身近に感じ、親近感が強まることも応援意欲の向上に繋がっています。

インタビューでは「ステージでキラキラしているところだけじゃなく、裏でたくさん練習しているのも知っているから自分にも重ねている」という声や、「推しが頑張っているんだから、自分も部活頑張ろうと思う」などの声が非常に多く聞かれます。推しは自己投影の対象でもあり、推しが頑張っている姿に並走することで、自分自身の生活のモチベーションに変換しているのです。

また、もう一つの共通点は「共創している感覚」です。オーディション番組の中には、ファン投票が取り入れられるケースもあります。自分たちの声もグループの構築に一役買って、推しの活躍を一緒に創り上げている感覚を味わえるのです。オーディション番組だけでなく、この「共創」の姿勢を持つ人やコンテンツは、彼らの応援・貢献のモチベーションを高めます。例えば、推しが企業とコラボして商品開発をすることが決まった際に、デザインや商品名を決めるためにSNSでヲタたちの意見を聞いてくれることも増えています。「並走」と「共創」の両方を味わえることで、推しとヲタの関係も変わってきます。推す側・推される側という一方通行な関係性ではない、相互コミュニケーションが生まれ、一緒に盛り上げていくワンチームとなれることも、応援のモチベー

創作ヲタ活

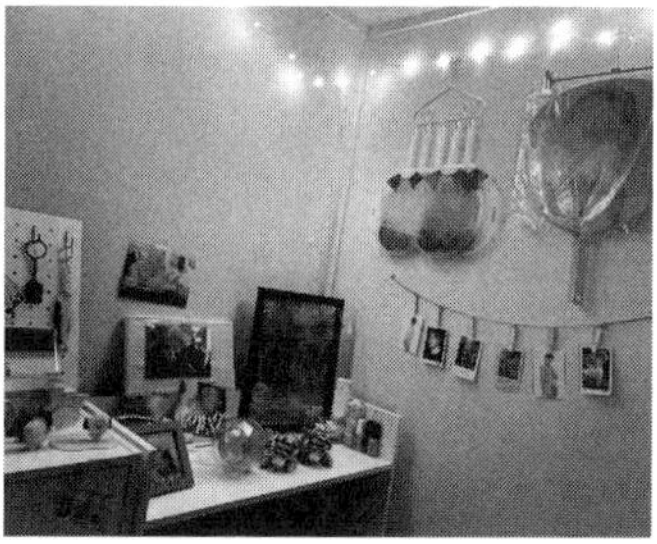

#推しのいる生活

#推しグラス

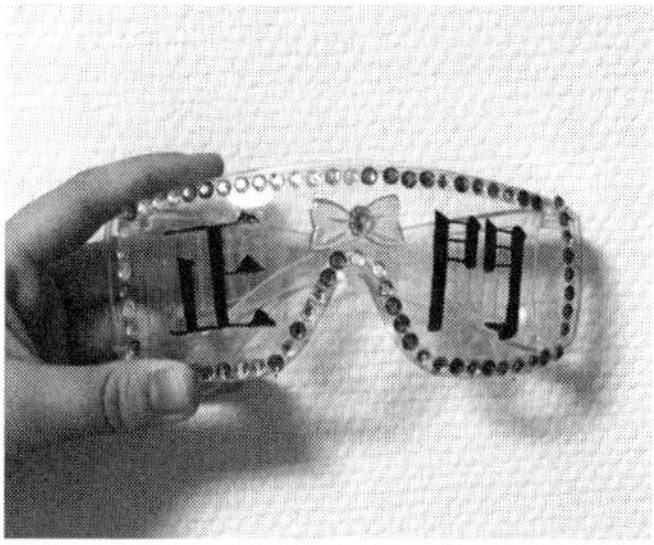

#推しゴーグル

#推しシールド

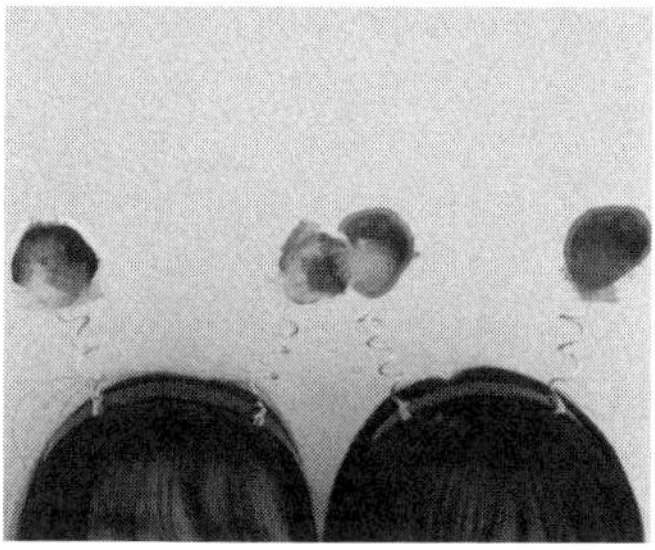

#推しカチューシャ

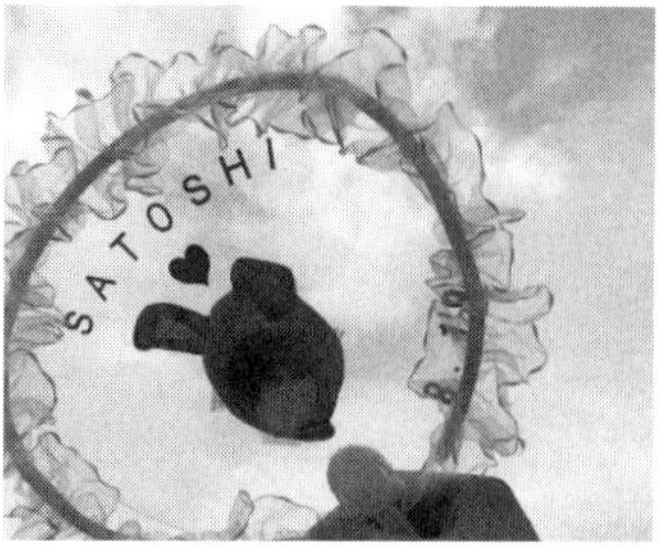

#スケルトンうちわ

ションの維持には非常に重要です。

生の声

推しだけじゃなくグループ全体が人気だと大人に知らせることで、推しの活躍の場を広げたい。

並走と共創で醸成された応援・貢献モチベーションは、推しに直接届かない形であっても、回り回って、推しのためになる積極的な行動へと昇華していきます。

その一つがいわゆる「布教」です。この言葉は自分の推しの魅力を周りの人にも伝えていくことを指し、Z世代の会話の中でよく使われています。一人でも多くの人に推しの魅力が伝わることが、さらなる応援に繋がることを期待した行動です。

皆さんも、自分が好きな本や音楽をおススメしたいときは、友人に貸すことで「布教」しているかもしれません。もちろんZ世代の「布教」でも、友達に推しの動画を見せたり、CDを貸したりするなど、皆さんの想像の範囲内であろう活動も行っています。しかし、それだけではありません。

具体的には、「ステマシート（推しの好きな部分や魅力などを解説するオリジナル画像）」を作り、SNSに投稿することもあります。また、街の広告媒体を購入して、推しの広告を出稿することもあれば、推しの魅力を集めた切り抜き動画を作るなど、布教活動の方法は非常に多岐にわたります。時には布教活動のために、かなりのお金を投資することもあるのです。

インタビューでも、「友達がSNSに投稿していたステマシートから、新たに推しを見つけてしまい、ハマった」という声や、「推しが違う友達とカラオケに行って、お互いに推しの曲を歌って布教し合っている」という声も聞かれています。推しについて布教し合うことは当たり前の行為であり、それ自体を楽しんでいる様子が見られます。

この他にも、「友達に薦められて新たにヲタ活を始めた。推しが増えてお金や時間の使い方に困っているけど楽しい」とか、「友達と推しをおススメし合うことで共通の話題が増え、話が盛り上がる」という声も上がってきます。周りの友達のほとんどに誰かしらの推しがいるZ世代にとって、ヲタ活がコミュニケーションのきっかけとして機能することも、ヲタ活に熱狂する理由の一つなのです。

ヲタ活をきっかけとした消費行動

生の声

これまで推しにどのくらいお金をかけたか……考えたくないくらいお金を使っている。

ヲタ活消費と聞くと、コンサートやイベントに行ったり、公式グッズを購入することなどをイメージされるのではないでしょうか?

私たちはコンテンツ側から提供される消費の場を「公式ヲタ活」と呼んでいます。この公式ヲタ活だけでも、コンサートも全国ツアーとなると全公演を見るために旅費交通費をかけて参加したり、グッズを全てコンプリートするまで購入するなど、多くのお金を費やしていることが分かります。ヲタ活でどのくらいお金を使っているのかを聞いてみると、「多分引かれると思うので言えないです……」といった声や、「考えたくないいくらい使っている」という回答も聞かれています。親子でヲタ活をしているケースもままあり、親のお財布に頼ることもあるようです。彼らは限られた収入の中でヲタ活に使えるお金を捻出するために、日々貯金や節約をしています。まさにメリハリ消費であり、推しを応援することのモチベーションの高さがうかがえます。

公式グッズ購入だけでなく、推しをきっかけとした消費は広がっています。

例えば、推しの存在を常に近くに感じられるように、推しが持っているアイテムやおススメしているものを購入することもあります。理由としては「推しを常に感じられるから」「推しと同じ感情を味わいたい／同じ体験がしたいから」など、推しを身近に感じることがモチベーションです。

その他にも、推しが企業や商品とコラボをした際は、「推しのグループがどれだけ人気であるかを企業にアピールするチャンスだから、ヲタ友と協力して商品を買うこともある」など、ヲタ友と連携している実態もあります。

そして、彼らがお金を使うのは、公式ヲタ活だけではありません。

手作りでヲタグッズを制作したり、推しのアクスタ（アクリルスタンド）をお出かけに連れていくなど、ヲタ活を自分たちで積極的にアレンジして楽しむ「創作ヲタ活」も活発です。彼らは様々な商品やシーンを自分の推しに結びつけ、推しへの愛を表現しています。

創作ヲタ活の始まりは、カスタマイズ可能な商品でした。

２０１９年から２０２１年にかけて、サントリー食品インターナショナルがプロデュースする「TOUCH-AND-GO COFFEE Produced by BOSS」（味やパッケージをカスタマイズできる期間限定的なボトル飲料のモバイルオーダースタンド）が展開されていたときは、コーヒーボトルのラベルに名前を入れ、好きなカラーを指定できるサービスを堪能していました。ビジネス街に店舗を構えていたので、ビジネスパーソンの利用を想定されていたように思えますが、当時、Ｚ世代のヲタ活の場としてトレンドになりました。彼らは、コーヒーボトルに自分の名前ではなく、推しの名前と推しのメンカラ（メンバーカラー）を選定し、推しの画像などと共に写真撮影を楽しんでいたのです。

この他にも、好きな香りを調合できるカスタマイズフレグランスのサービスでは、推しをイメージして作ったり、ハンドタオルに名前を入れるサービスでは、推しの名前を入れたりなどの活動も見られました。お店としてはヲタ活狙いの商品ではなかったものも、彼らの手にかかれば簡単にヲタ活アレンジが施されるというわけです。

また、コロナ禍には、手作りヲタグッズを制作することがトレンドとなりました。コロナ禍により、イベントやコンサートが中止になるなど、推しに会えない辛い時期が続きました。しかし、そんな状況下でもZ世代たちのヲタ活への熱量は変わらず、むしろ高まったという調査結果も出ています（※9）。

「会えない時間が愛を育てる」という歌詞ではありませんが、まさに、推しに直接に会えない時期だけに、推しへの熱量を発散するために活発となったのが手作りのヲタグッズ制作だったのです。推しの名前が書かれた「推しグラス」や、推しの写真をデコった「トレカ」（トレーディングカード）、あるいはフェイスシールドにシールや推しの写真を貼った「推しシールド」も登場しています。おうち時間をうまく活用し、クリエイティビティを発揮していました。

また、これだけではなく、様々な体験にもヲタ活を結びつけて楽しんでいます。オシャレなホテルに宿泊し、オリジナルケーキを発注し、推しの誕生日を祝う「本人不在の誕生日会」。そしてヌン活（アフタヌーンティー活動）や、カフェ巡りに推しのアクスタやトレカ、ぬい（ぬいぐるみ）を連れていき、写真を撮ることは、もはやトレンドの域を超え、ヲタ活の定番です。そして近場で楽しむだけでなく、石川県金沢にある石浦神社まで、推しのメンカラのお守りを買いに行くなど、遠方に出向くモチベーションになっている事例も見受けられます。

これらの創作ヲタ活は、もちろん公式は関与しておらず、多くはヲタたちが自発的に行っているものです。彼らは様々な商品やサービスと推しを結びつけ、消費を生み出しています。

Z世代のモチベーションは、「推しの応援」と、「ヲタ友とのコミュニケーションの創出」です。

創作ヲタ活を楽しむ様子は、ほぼ必ずSNSに投稿します。自分なりにアレンジを加え「私はこんなふうに作ったよ！」と共有し、ヲタ友とのコミュニケーションのきっかけを作ることで、ヲタ友コミュニティへの帰属意識や承認を得ています。

インタビューでも、「SNSへの投稿は推しの魅力の布教にも繋がるし、もしかしたら推し本人が見てくれているかも……」という期待の声が聞かれました。実際に私たちの定量調査においても、ヲタ活に関する投稿のモチベーションで最も多かったのは「推しを応援したいから」でした（※9）。

またヲタ活は彼らのファッションやメイクにも影響を及ぼしています。

男性アイドルやアニメ・漫画が好きな人は「量産型」と呼ばれる、ピンク・白を基調としたガーリーな服装、K-POPが好きな人は韓国ブランドのファッションアイテムといったように、彼らの推しが見た目にも反映されています。

日常的に着るだけでなく、ライブなどのイベントの際の「正装」のような位置づけでも楽しまれています。例えば、普段はストリート系のファッションをしている子も、推しに会える現場では正装である量産型のファッションや、やみかわ（ピンク・黒を基調としたガーリーなファッション）で武装をします。

インタビューでも「周りのヲタから浮かないためにも、現場には量産型のファッションで行く。量産型はジャニヲタの制服みたいな感じ」という声が聞かれており、SHIBUYA109館内でも、「友達と参戦服（ライブに着ていく服）を買いに来た」と回答するZ世代も多く、ファッションがヲタコミュニティに溶け込むための手段にもなっています。

生の声

SNSでヲタ友を作るために、自分の推し専用のハッシュタグを付けて検索している。

SNSネイティブであるZ世代は、ヲタ友作りもSNS上で活発に行います。実際にWEB調査でヲタ活を一緒に楽しんでいる相手を聞いたところ、「学校やアルバイト先の友達（47・9％）」に次いで「SNSで知り合った友達（24・9％）」がランクインする結果となりました。彼らはSNSに「ヲタ活用アカウント」を持ち、ヲタ友作りに励んでいるのです（※9）。

前述した通り、ハッシュタグ検索を活用してヲタ友を見つけ、ダイレクトメッセージでやり取りを重ねて、年齢や人となり、ヲタ度合いを確認していきます。

SNSで繋がることへのリスクを理解していることもあり、様々な判断軸で相手を確認していく作業を行いながら、信頼関係を築きます。その後、ライブやイベントに一緒に行くなどオフラインでの交流に発展していくのです。

ヲタ友作りのやり方はハッシュタグ検索だけではありません。SNSで繋がる「ヲタ友のヲタ友」を紹介し合うこともしています。

具体的には、ヲタ友とInstagramでライブ配信を行い、ヲタトークをしているところに視聴しに来た参加者とコメントで交流し、新たなヲタ友のネットワークを構築しています。彼らはこれを、推しを共通項に繋がることができる「健全な出会い系」と表現していました。ＳＮＳで繋がるリスクを軽減するための工夫も次々と開発しているようです。

ヲタ友をＳＮＳで作る目的は、一緒にイベントに参加したり、手作り推しグッズを作ったり、カフェでヲタ活をしたり、それらを共有し合うことが主流です。しかし、最近はオンライン上でのヲタ同士の結束もさらに強固になり、推しの応援をすることも見られるようになっています。

例えば、同じアーティストを応援するヲタのヲタ活をサポートすることを目的としてＳＮＳアカウントを運営する実態も見られています。

実際にアカウントを運営するZ世代に、その経緯を聞いてみたところ、「大好きなアーティストは活動休止しているけれど、寂しくなったときにいつでもヲタに会える場所を作りたいと思い、アカウントを立ち上げた」という回答が返ってきました。

また、近年盛り上がりを見せているオーディション番組などにおいて、推しのデビューを支えるべく、熱狂的なヲタのネットワークとして「ファンダム」が結成されています。

ファンダムでは、推しデビューや活躍を後押しするためにヲタ同士でタッグを組み、総力戦で応援します。時にはお金を出し合って駅のＯＯＨ（Out Of Home の略。交通広告、大型ビジョンなどの屋外広告など、家庭以外の場所で展開するメディアの総称）に、推しの応援広告を出稿したり、

SNSで推しのための独自のハッシュタグを作成し、トレンド入りするようにオンライン上でイベントを開催するなど、お金と時間を集結させ、一人では成し遂げられない大きな成果を目指して活動するのです。

ファンダムで活発に活動するZ世代の推しに対する目線は、もはやヲタの域を超越し、運営側の立場に近いことが分かります。「オーディション番組は、推しは個人戦だけど、ヲタは団体戦。推しをデビューさせるためにヲタだけでなく周りの人も巻き込んで様々な取り組みをしてます」と熱量高く語ってくれる彼らには、推しの目指す夢を一緒に実現するための裏方としての自負さえ芽生えているのです。

「推し」の魅力とは

このようなヲタコミュニティの一番の目的はもちろん、推しを応援することです。しかし、推しを中心に広がるコミュニティで、ヲタ活の楽しみ方を共有し、共創していくこともモチベーションの一つです。

実際に、ヲタ同士のSNS上でのコミュニティ構築が、より活発になったのは、コロナ禍でリアルな繋がりが減少したタイミングでした。Z世代にとってのヲタ活は、推しを応援する楽しみだけでなく、コミュニティに所属し、共感し合える仲間と触れ合う楽しみでもあったことが分かります。

生の声

将来推しに関わる仕事がしたいので、勉強している。

生の声

普段は踏み出せないことも、推しのためなら一歩前に進める。

Z世代にとって、推しの魅力は、ビジュアルなど外見的なことだけではありません。夢に向かって努力する姿や、SNSで共有される好きなことや価値観や考え方など、内面的な要素にも惹かれています。共感できる対象を推しているともいえるのです。

WEB調査で「推しの影響を受けて変化したこと・始めたこと」を聞いてみると、ヲタ活をしているZ世代のおよそ9割が何かしらの影響を受けていることが明らかになりました。実際に推しの趣味や好きなファッションを取り入れてみたり、価値観・考え方においても推しから気づきを得ています。

インタビューでも、「推しが社会課題に対して関心が高く、自分も興味を持ち始めた」という声や、「普段は見ないアニメを、推しが好きだから見始めた」という声が聞かれています。

ここまでの解説で分かるように、「推し」は現在進行形で彼らの日常生活に大きな影響を及ぼしていますが、彼らの将来のキャリアに影響を与えています。Z世代にとって推しとは、何かにチャレンジするきっかけや、なりたい自分になる後押しになっている、いわばお守りのような存在でもあるのです。

これまでたくさんヲタ活についてのインタビューを実施していますが、「普段は踏み出せないことも、推しのためなら一歩前に進める」「推しのおかげで知らない世界を知れて自分磨きができる」という言葉と、それに共感し合うZ世代の姿は非常に印象的でした。推しがきっかけで新たな興味の扉を開けているのです。

例えばK-POPヲタは、現地の情報をいち早く仕入れるために独学で韓国語を学び、そのスキルを将来の仕事にも活かしたいと考えるようになったといいます。また、「推しに関連する会社に入りたい。中学受験は嫌だったけど、その会社に入るために偏差値の高い学校に行きたくて努力した」と話す人もおり、推しがきっかけで進路を見つけています。

彼らの自分が価値を感じたことに対する熱量と没頭力は、計り知れません。「好き」を極めることが日常の活力やコミュニケーションになるだけでなく、未来に向けた自己研鑽やキャリア開発に繋がっているのです。

それゆえ、ヲタ活はZ世代の短期的なトレンドではありません。彼らにとってヲタ活は人生の一部になっています。

最近は、このヲタ活に着目した企業によるプロモーションやサービスも増えています。コンテンツやアーティストとのコラボキャンペーンや商品、推しのイメージカラーを連想させる商品で「ヲ

推しの影響を受けて、
変化したことや始めたことを全て教えてください。(複数回答)

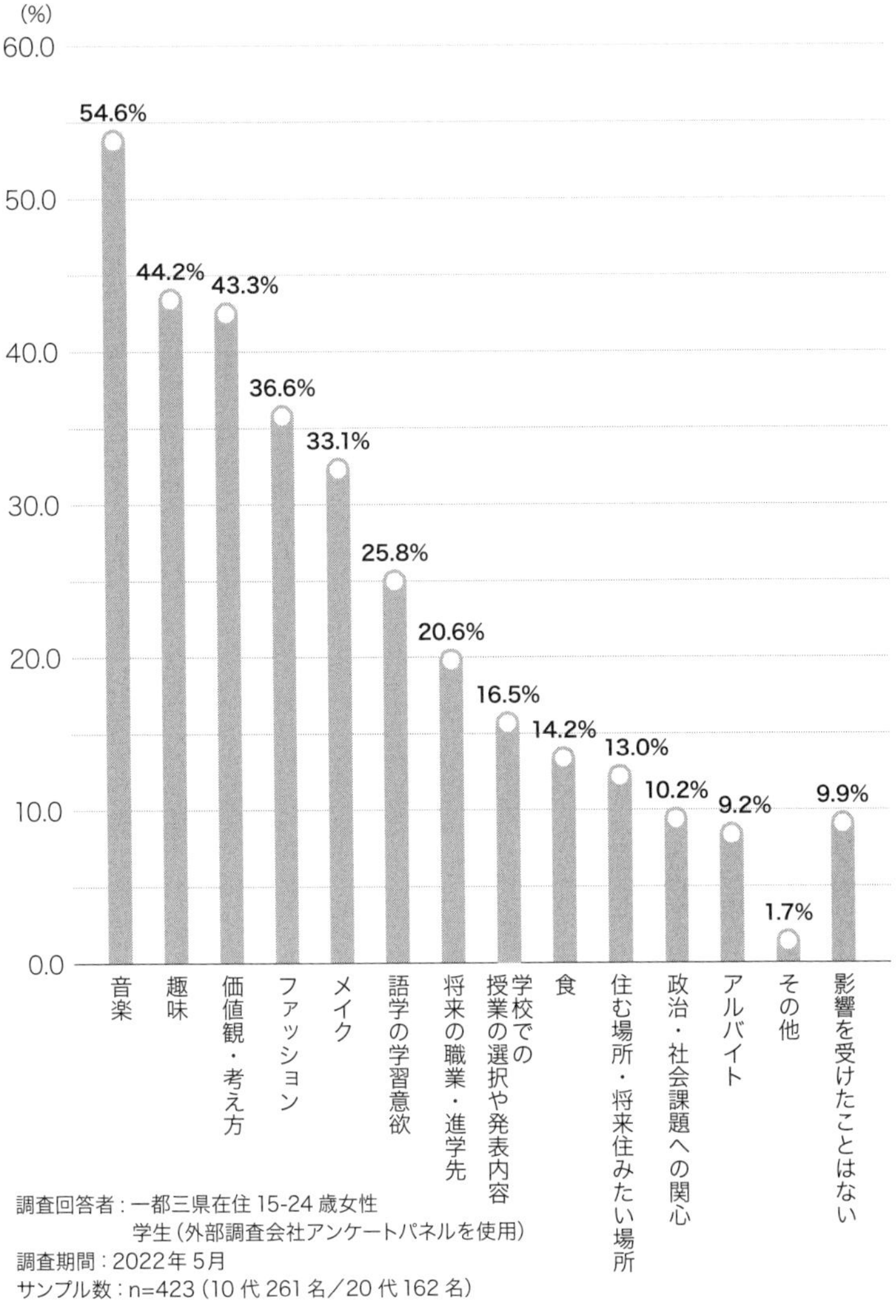

調査回答者:一都三県在住 15-24 歳女性
学生(外部調査会社アンケートパネルを使用)
調査期間:2022年5月
サンプル数:n=423 (10代261名/20代162名)

タ活」をより充実させたり、ホテルでヲタ活を楽しむためのプランなど、様々なアプローチを目にするようになりました。

Z世代も推しの「応援」に繋がるものであれば、商品購入やSNSなどでのシェアも積極的かつ能動的に行うため、表層にある実態を理解し、正しくアプローチができれば効果が出やすいのではないかと考えます。

しかし、企業としてこのような短期的な視点での効果を狙うためだけでなく、ヲタ活がなぜここまでZ世代の心を掴んでいるのか、その要素をきちんと理解していくことも、長期目線でのマーケティングにおいて非常に重要です。

彼らの「応援消費」へのモチベーションは、推しだけでなく、企業やブランドに対しても有効です。ヲタ活にはZ世代の消費意欲を捉える上で欠かせない要素がたくさん詰まっていますが、それを一言で表すと、「巻き込む力」です。Z世代を巻き込むには、応援意欲を掻き立てる存在であること、そして参加したくなる隙があることが重要です。応援対象となっているヲタ活の熱量の構成要素は6つあります。

①　共感

世界観やストーリー、考え方に共感できること

ヲタ活の熱量の構成要素

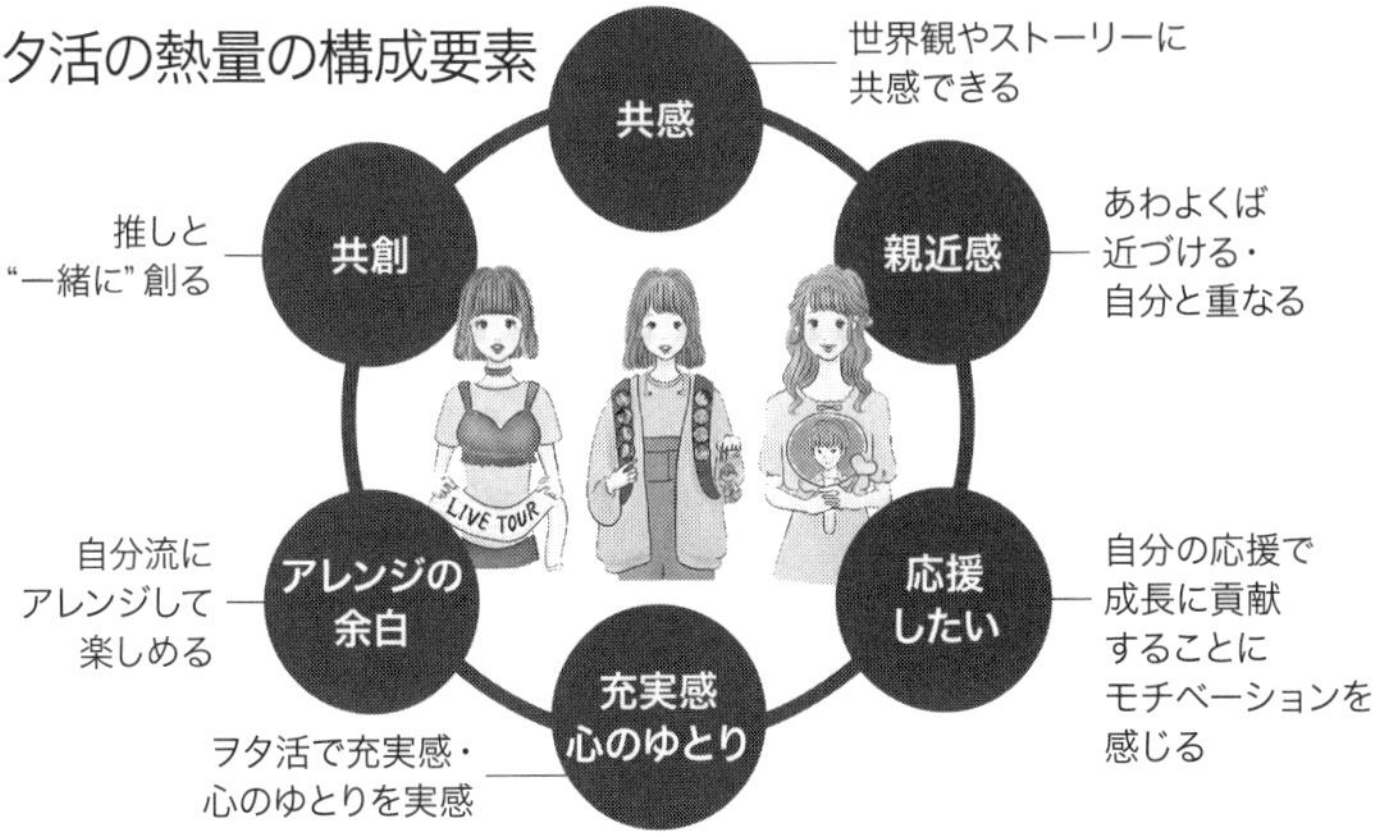
共感
世界観やストーリーに共感できる
親近感
あわよくば近づける・自分と重なる
応援したい
自分の応援で成長に貢献することにモチベーションを感じる
充実感 心のゆとり
ヲタ活で充実感・心のゆとりを実感
アレンジの余白
自分流にアレンジして楽しめる
共創
推しと“一緒に”創る
LIVE TOUR

ヲタ活の熱量が様々な“消費”と“拡散”を生んでいる
＝熱量の源になる要素を把握しておくことが若者へのアプローチのヒントに！

② 親近感

遠い存在よりも、友達の友達くらいの身近な存在に感じられること

③ 応援したくなる

完成しているよりも、発展途上で成長していくプロセスを見ることができることも重要

自分が応援することでより大きくなっていく実感を持ってもらうことが応援意欲に繋がる

④ アレンジの余白

手作りグッズを作ったり、ヲタ同士で楽しめたりなど、コミュニティ内でコミュニケーションを活性化できる、オリジナリティを生み出して自己表現もできる余白があること

そしてSNSで共有することで、ヲタ友との新たなコミュニケーションを生み出すことができること

⑤　**共創**

推す側・推される側ではなく、一緒に創っている感覚を味わえること

⑥　**充実感・心のゆとり**

ヲタ活で充実感や心のゆとりを実感

「なぜ彼らがこの推しを応援したいと感じているのか」や「創作ヲタ活のモチベーションは？」「ヲタの心を掴むために、推し側はどんなことをしているのか？」など、ヲタ活を様々な角度から紐解いていくことで、企業やブランド、商品・サービスとして、Z世代に応援してもらい、心を掴んでいくために見習うべきポイントが見えてきます。

まとめ

Z世代の「応援消費」におけるポイントは以下の3つです。

① ヲタ活はZ世代のアイデンティティでありライフワーク
② 「推し」にまつわる消費を積極的に生み出している
③ 「推し」を応援しながら、ヲタ友とのコミュニケーションを楽しむ

Z世代の「応援消費」に対するモチベーションは以下の3つです。

① 貢献：応援することで誰かの力になりたい
② 自己実現：好きなことにとことんお金と時間を使いたい
③ 所属：共感で繋がるコミュニティでのコミュニケーションを楽しみたい

第 4 章

最新トレンド予測

Z世代の「今と未来」

トレンドから読み解く、これからのマーケティング

「復活！ お出かけ消費」「自分を知る消費」「界限消費」がキーワード

SHIBUYA109 lab.では毎年、その年にトレンドとなったモノやコトを示した「トレンド大賞」と、翌年以降にトレンドとなりそうな要素を紹介する「トレンド予測」を発表しています。各トレンドの細かい説明は、SHIBUYA109 lab.のサイトをご覧ください（※10）。

ここからは、それらの調査結果を基に、最先端のZ世代の消費の価値観の特徴を、より深く理解するためのポイントをお伝えするとともに、現代のトレンドの広がり方について解説します。

まずは、「トレンド大賞2022」から。この調査では、Z世代564人へのアンケートを基に、「Z世代の間で流行したもの」をランキング化しています。

最初に注目したいのが、2022年は多くの部門で〝お出かけ〟に付随するトレンドが増えてきたことです。例えば、「ファッション部門」の「スマホショルダー」は、少ない荷物でお出かけし

SHIBUYA109 lab.

SHIBUYA109 lab.
トレンド大賞2022

カフェ・グルメ部門
【1位】
カヌレ
【2位】
JKケーキ
【3位】
バナナスプリット

アーティスト部門
【1位】
IVE
【2位】
Kep1er
【3位】
aespa

ヒト部門
【1位】
佐野勇斗
【2位】
あの
【3位】
なかやまきんに君

コンテンツ部門
【1位】
SPY×FAMILY
【2位】
ちいかわ
【3位】
明日、私は誰かのカノジョ

コスメ・スキンケア部門
【1位】
純欲メイク
【2位】
YOLU カームナイトリペアシャンプー
【3位】
SHEIN部分つけまつげ

ファッション部門
【1位】
アームカバー
【2位】
スマホショルダー
【3位】
バンスクリップ

体験部門
【1位】
#SHEIN購入品
【2位】
MBTI® 診断
【3位】
顔タイプ診断®

ヲタ活部門
【1位】
硬質ケースデコ
【2位】
本人顔フィルター
【3位】
カンペうちわ

ポーズ部門
【1位】
ギャルピース
【2位】
片思いハート
【3位】
ルダハート

たいZ世代に重宝されました。「コスメ・スキンケア部門」のトップは「純欲メイク」となり、前年度のトレンドと比較すると、スキンケアアイテムよりもコスメアイテムのランクインが多く見受けられるのがポイントです。

「ヲタ活部門」においても、推しのトレカやチェキをデコレーションしてお出かけに連れていく「硬質ケースデコ」や、友達との写真をSNSに投稿するときに使う「本人顔フィルター」が人気となりました。また、2022年は「ポーズ部門」を追加しました。新設の理由は、毎月SHIBUYA109 lab. にて実施しているトレンド調査で、「ギャルピース」や「片思いハート」など、様々な〝ポーズ〟がたびたびトレンドとして挙がっていたためです。外出先で友達と写真を撮るシーンが増えたことが背景に感じられます。このように2022年は外出規制の緩和もあり、前年よりもオープンに外出を楽しめたことがトレンドにも影響を及ぼしました。コロナ禍で〝よっ友〟が消滅し、狭く濃い人間関係を大切にするように切り替わったZ世代。行動範囲が広がった今でも、新しい出会いよりも少人数の仲が良いメンバーで遊ぶ傾向は前年から変わっていないことも重要な点です。

〝自分を知る〟診断がトレンドに

2021年に流行した「骨格診断」や「パーソナルカラー診断」に続いて、2022年のトレン

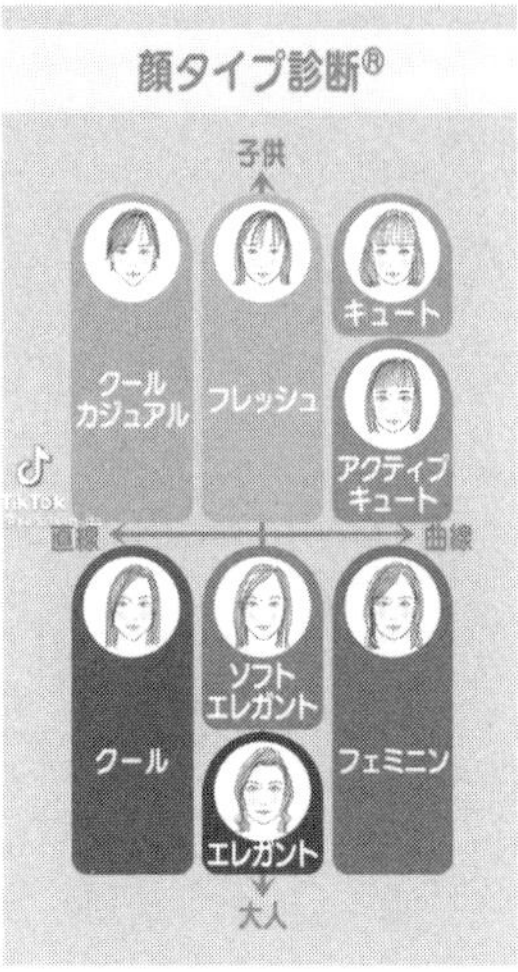

体験部門の
MBTI®診断・
顔タイプ診断®

ド大賞には、「顔タイプ診断®」がランクインしました。お買い物に失敗したくない意識が強いZ世代の中で、自分を知るための診断は前年に引き続き盛り上がりを見せています。この診断トレンドは、洋服やコスメを選ぶためだけに使われるのではありません。2022年は、性格診断の一種であるMBTI®診断もトレンドとなりました。Z世代は友達との相性診断だけでなく、韓国アイドルたちが診断結果を公表していることもあり、推しとの相性診断などに活用して楽しんでいるようです。

Z世代は、膨大な情報と選択肢に囲まれています。その中で、失敗しない「自分好み」の情報を選び取っていくために、まずは「自分を知る」ことに注力しているのです。

商品検索も、体験の一つ。新しい消費行動がSHEINから見えた

また、新たな特徴が見られたのが、体験部門で第1位にランクインした「#SHEIN購入品」です。通販サイトSHEINで購入できる商品は、とにかく安いことで有名ですが、その分、実際の商品が商品画像とは少し異なるものも紛れ込んでいることが広く知られています。しかし、だからこそ、「アタリだった商品を教えます！」「この商品おススメ！」といったＳＮＳ投稿が盛り上がる現象が起こり、注目が集まりました。ハズレ商品のコメント欄がネタツイート（投稿閲覧者を笑わせたりする目的で投稿されるツイート）としてバズる現象も起こっています。

そしてユニークなのが、この「#SHEIN購入品」がノミネートされたのが「ファッション部門」ではなく、美術館巡りや診断テストがランクインする「体験部門」だったこと。

「SHIBUYA109 lab.トレンド大賞２０２２」は34人のZ世代とノミネート項目を検討する会議にて決定したのですが、彼らから体験部門のノミネートとして自然な流れで提案があったことが非常に印象的でした。

様々なレビュー動画を見ながら質の良い商品を探し出し、ハズレを引くことすらネタにする。そして受動的に情報を得るのが当たり前な現代だからこそ、自らSHEINのレビュー検索をし、購入に至る一連の行動自体が、Z世代に〝体験〟として楽しまれていることが分かりました。

SNS には SHEIN 購入品のまとめ投稿が増加

万人受けよりも〝界隈〟をグリップすることが最初の一歩

そして、今後Z世代向けにマーケティングする上でチェックしたいキーワードが〝界隈〟です。ここで指している〝界隈〟とは、ファッションのテイストや共通の趣味やカルチャー、好きな世界観を軸にしたゆるいクラスタのことです。

トレンドにおいても、浅く広く同世代と共有するよりも、深く狭いコミュニティ内で楽しめるものを重視する傾向が表れているのです。

コンテンツ部門にランクインした『明日、私は誰かのカノジョ』はまさに、歌舞伎町界隈のディープな世界を覗き見る〝界隈感〟を楽しむ漫画です。

またカフェ・グルメ部門には、「住所非公開カフェ」や「会員制カフェ」などがノミネートされています。万人が行ける〝人気カフェ〟に加え「私たち〝だけ〟しか行けない場所」が、今は多くのZ世代の心を惹きつけているのを感じられます。

2022年もZ世代の中でトレンドが数多く生まれましたが、その中でとても重要なキーワードがこの〝界隈〟であると考えています。いわば〝界隈〟消費とでもいうべき事例、すなわち、特定の界隈で盛り上がり、それが他の界隈にも広がっていくという現象が、最近はよく見られているのです。

SHIBUYA109 lab. では毎月、SHIBUYA109 渋谷店館内でZ世代へのヒアリングを複数回実施していますが、2022年の彼らからは「〇〇界隈で流行ってる」や「△△界隈の中で聞いたことがある」などの言葉がよく聞かれました。

後項でも詳述しますが、今注目されているトレンドの多くがこの〝界隈〟を大切にし、〝界隈〟の中で熱量を蓄えることで、Z世代全体に伝播していく流れを生んだものです。

例えば、ファッション部門でトップにランクインした、2022年のトレンドとなったY2Kスタイル（2000年頃に流行したファッションスタイル）には欠かせないアイテムでもある「アームカバー」。これはもともと、2022年が始まってすぐの頃に、ストリート界隈で流行していたトレンドでした。しかし、夏頃からレース素材やメッシュ素材のアイテムが登場。ガーリーテイス

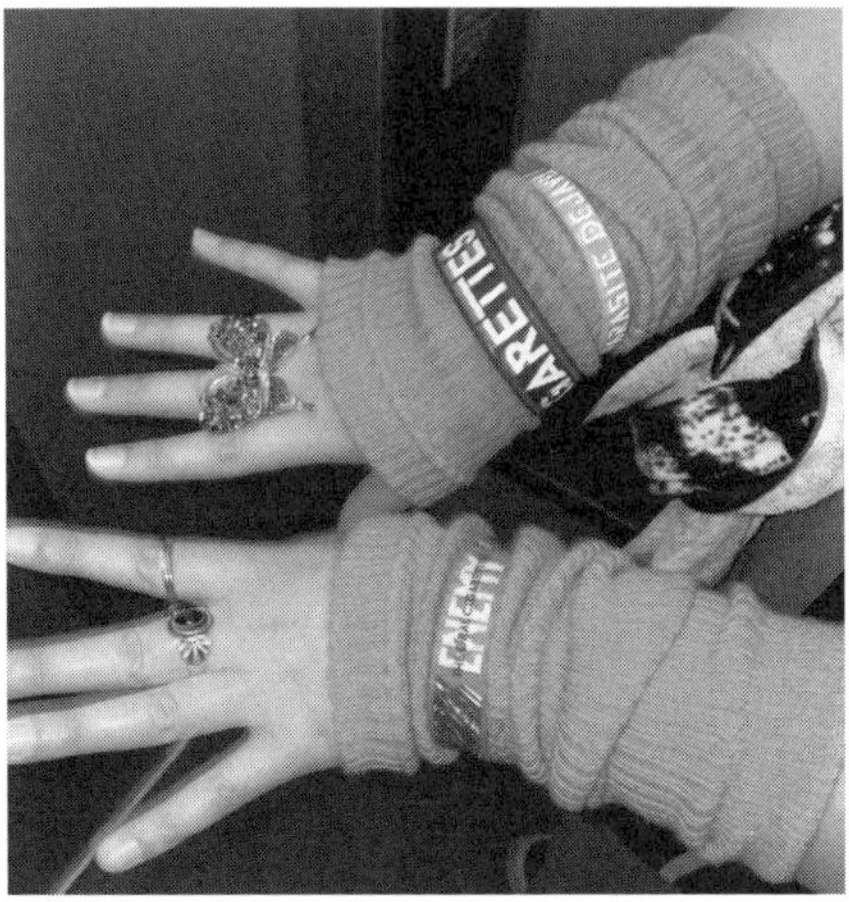

ストリート界隈でトレンドとなったアームカバー

トな洋服にも取り入れやすくなったことから、量産型女子たちもファッションにアームカバーを取り入れるようになりました。そして今や、より幅広く〝界隈〟に受け入れられ、2022年を代表するトレンドアイテムになっています。

　インタビューでは、「好きな有名人」一つとっても、Z世代同士がお互いに「その人知らない」と言い合っているのを見かけます。今のZ世代は見ているメディアも、インフルエンサーもバラバラで、それゆえに熱狂するものも分散し、細分化・多様化しています。そのため、「万人受け」をしようとすることはもはや困難であり、浅く広くアプローチすることは、誰にも共感されない状況に陥る危険性も高いのです。

　だからこそ、今こそ意識したいのが、まず特定の〝界隈〟にしっかり受け入れられること。〝Z

世代〟と大きく括って全体にアプローチしようとするのではなく、むしろ特定の〝界隈〟に参加し、完全に攻略して流行を生み出せれば、アームカバーのように、「あの界隈で流行っているものもうちでも取り入れよう」と伝播していく流れを作ることができるのです。

一つひとつの界隈をそれぞれ観察してアプローチすることは、マスに一斉にアプローチするよりも、手間がかかり、根気も必要です。しかし、これからZ世代の消費を掴むには、〝界隈〟を大事にすることは必要不可欠です。今後小さな界隈としっかりと向き合い理解を深め、心を強く掴むポイントを施策に反映し、その熱量を広げていく考え方は必須といえるでしょう。

Z世代の消費価値観の最先端

リアルな声から未来が見える

次に、「SHIBUYA109 lab. トレンド予測2023」について解説します。これは、Z世代372人へのアンケート調査（※11）を基に、「2023年にトレンドになりそうなもの」を公開しています。

若者たちの価値観を感じるのは、定量的なデータを見るときだけではありません。彼ら彼女らの一言から、その時代の雰囲気をはっきり感じることもあります。この項では、2022年10月に実施した2023年のトレンドの予測をする「SHIBUYA109 lab. トレンド予測大会議」に集まった10人のZ世代との会話の中からも、彼らの今の価値観が垣間見られる一言を取り上げ、詳しい解説を付けました。

いずれも若者の心理を知りたいならば押さえておきたい価値観が分かるものをピックアップしています。

SHIBUYA109 lab. トレンド予測 2023

SHIBUYA109 lab.

カフェ・グルメ部門

- 夜カフェ&バー
- ルーフトップバー
- クラブっぽ居酒屋
- イギリス風カフェ
- 透明カフェ
- パヌレ
- カンノーロ
- ミラーケーキ
- カラフルケーキ
- 2D アートケーキ

モノ・コト部門

- 昭和アイドル
- 平成マンガ
- BeReal
- i シェアリング
- onthelook
- 小紅書 (RED)
- 香り診断
- パン屋巡り
- ジブリパーク
- チェンソーマン

ファッション・コスメ部門

- 海外ガール
- ローウエスト/ローライズボトムス
- 水色界隈・天使界隈
- 白湯メイク
- くらげメイク
- グレーコスメ
- 重ため前髪
- 部分ウィッグ・エクステ
- 英国制服コス
- ブランドショッパー

アーティスト部門

- NewJeans
- ねぐせ。
- Aえ! group
- Lil かんさい
- (G)I-DLE
- 80,90 年代アーティスト
- 少年忍者
- VIVIZ
- &TEAM
- NOA

ヘルシーなスタイルの海外ガール

「等身大」に頑張りすぎずに楽しみたい！

2023年のZ世代の消費におけるキーワードは、「等身大」です。先述した通り、「こう見られたい」と周囲の目線を意識した行動が目立つZ世代ですが、「背伸びしすぎず等身大で楽しみたい」という意識が芽生え始めています。

例えば、ファッション・コスメ部門では、LAやNYなどを中心としたアメリカのファッションスタイルを指す、「海外ガール」に注目が集まっています。2022年にトレンドとなったY2Kスタイルに見られたカラフルさだけでなく、ヘルシーな要素もあるスタイルで、体型問わず楽しめることが魅力です。

そして、モノ・コト部門の新しい写真共有SN

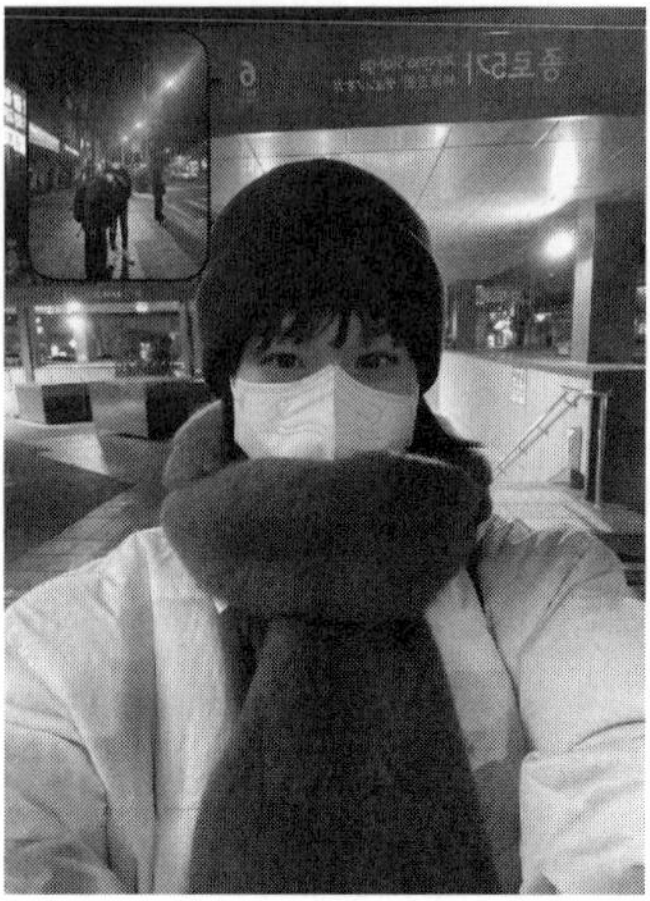

BeRealで飾らない自分を共有する

S「BeReal」も、「飾らない自分」を共有するSNSです。他のSNSと違ってフィルターなどでの加工ができず、「映えないSNS」ともいえます。そしてアプリからランダムに来る通知に従って、2分以内にスマホのインカメラ・アウトカメラで写真を同時撮影し、投稿しなければいけません。投稿のタイミングを自分でコントロールできないため、飾らない自分を共有できる関係性の友達とだけ共有しています。

このように様々な部門で、Z世代たちの背伸びしすぎず「等身大の自分」で楽しめる消費を求める意識が見られています。

この「等身大」というキーワードの背景には、等身大でいられるコミュニティが確立したことが挙げられます。コロナ禍で新しい出会いも減り、人間関係が精査されたことから、信頼関係が確立した深く狭いコミュニティに属する仲間との時間を重視するようになりました。浅く広く、多くの人の目を気にしていた彼らが、「自分らしさ」を尊重してくれる安全圏となるコミュニティを持つようになったことで、等身大の自分でいることを選択しやすくなりました。
また、ややネガティブに見えるかもしれませんが、等身大でいられるフィールドを選ぶことで、「失敗を回避したい」という考え方もあるようです。

生の声
本当のクラブは怖いイメージがあるので行く勇気がないけれど、クラブの雰囲気を味わってみたい。

生の声
都内のハイブランドホテルよりも気軽な気持ちでヌン活したい。

カフェ・グルメ部門では、「クラブっぽ居酒屋」や「イギリス風カフェ」など、「◯◯風」「◯◯っぽい」という表現が目立ちます。
安全圏となるコミュニティを持つようになったとはいえ、それ以外の周囲の目を完全にシャットアウトするようになったわけではありません。
Z世代は周りの目やコミュニティの調和を重視するため、周りからの見え方において「失敗したくない」という意識が根強くあり、様々な行動において慎重な姿勢を取る傾向があります（SNS

でゆるく繋がり続けることが当たり前であるZ世代にとって、このような消費行動は自然に行われることであるため、全くなくなることはないでしょう）。

少し背伸びして行くような場所に憧れがあるものの、段階を踏まずいきなり本場にデビューするのはその場の勝手も分からず空気を壊してしまうかもしれない、というリスクもあり、心理的なハードルも高いことが懸念されます。

だからこそ、心理的なハードルが低い〝下位互換〟の場所で、頑張りすぎず、等身大の自分で楽しめる環境を求めています。「周りを気にしすぎずに生きたいけど、失敗は絶対したくない！」という彼らの複雑な心境が、等身大でいられるフィールドを選ぶことに繋がっているのではないでしょうか。

少し話が逸れますが、Z世代は、「事前に確認できないこと」「その場に行かないと分からないこと」はリスクと捉えがちです。「その場に行かないと何が体験できるか分からない」という状況はリスクでしかありません。そのため企業には、Z世代たちが構えずに足を運ぶことができる工夫が求められています。

例えば、事前に情報収集することが当たり前である彼らは、より具体的で詳細な情報を事前に提供してもらうことを求めています。その場に行って失敗することや、期待外れになることを避けたいためです。

飲食店でいうと、店内の内装やメニューなど、どんな写真が撮れるかだけでなく、営業日や住所、メニューの価格や決済手段、待ち時間などが求められており、その情報の具体性が高ければ高いほど来店のハードルが下がります。彼らの心理的ハードルを解消できるような解像度の高い情報の提供をしていくことは、非常に重要です。

昭和のアイドルはエモいだけじゃない！キーワードは「マインド・インストール」

モノ・コト部門には「昭和アイドル」が挙げられました。最近、Z世代からよく言及されるものの一つが、この〝昭和アイドル〟です。

中森明菜、松田聖子、チェッカーズ——。誰もが昭和を代表するアーティストとして認知している人たちが、再びZ世代の心を掴んでいます。当時のアイドルが発端となりトレンドになっていた「聖子ちゃんカット」や「ソバージュ」、「チェッカーズのファッション」をマネしたいなど、そのファッションスタイルも人気のようです。

そして、その理由は、エモいというだけではなく、昭和アイドルの〝思想〟にもあるようでした。つまり、単にモノやコトを消費するだけでなく、消費を通して自由な個性を表現するマインドそのものを、自分の中にインストールしたいと考えているようです。

昭和アイドルのマインドに憧れを抱く

生の声

昭和のアイドルはファッションなども個性を貫いている。自分のやりたいことをやりたい放題、今を大事にしている感じがある。自分たちと違う感覚であることが新鮮で、とても憧れる。

Z世代は、SNSネイティブとも呼ばれます。物心ついたときから日常をSNSに投稿することが当たり前の彼らは、常に周りと繋がりリアルタイムを共有し続けていることから、周りの目に非常に敏感です。したがって周りとの調和を意識しすぎるがゆえに、自分の個性を表現することを遠慮してしまうこともある彼らにとって、周りに流されず自分の個性を表現する昭和アイドルたちが眩しく見えるようです。だからこそ個性を貫き、自由に生きている「思想（マインド）」にも憧れを抱いていることが分かります。

また、昨今の国際情勢や物価高騰など、社会の空気感や金銭面においても不安が募る状況が続いています。Z世代もその空気を感じ取っているのか、2023年はこの社会全体のどんよりした空気に対抗するために、エネルギッシュなマインドを自分にインストールしたいという意欲も感じます。

こういった、商品や人物を見るときに〝モノ〟や〝コト（体験）〟だけでなく〝マインド〟にまで着目し、それを自分にインストールする視点は、彼らにとっては当たり前になりつつあります。

生の声
ジェンダーレスとかサステナブルとか、自分が大事にしたいマインドを反映しているアイテムを身に着けたい。

生の声
SHEINは安くて人気だからすごく使いたいけど、労働環境の問題などを考えると、思想的に共感できないから使うの我慢している。

〝消費をすることは、思想を身に纏《まと》うこと〟という意識がZ世代には根付きつつあり、消費する際、Z世代は、そのブランドが持つ思想までよく観察していることが分かります。

ショッパー人気が復活

「ファッション・コスメ部門」では、90年代に流行した〝ショッパー〟（ショッパーバッグ。アパレルブランドなどの買い物袋のこと）を活用する声も聞かれました。

好きなブランドのショッパーを持って歩く――。90年代にSHIBUYA109渋谷店を中心とした渋谷に集まっていた人たちにとっては懐かしい文化かもしれません。今、Z世代からもショッパーに言及する姿が見られています。しかし、その意図や背景には彼ららしい理由があります。

生の声

バッグが大きすぎるとコーデに合わないから小さいものにしています。鞄に入りきらない荷物はハイブランドコスメのショッパーに入れる。

まず、ショッパー活用の背景にあるのは、現在の〝ミニバッグブーム〟です。Z世代は今、とにかく荷物が多いのはダサい、できるだけミニマルにお出かけをしたいと考えているようです。前項でご紹介した、「SHIBUYA109 lab. トレンド大賞２０２２」のファッション部門にランクインしたスマホショルダーも、ミニマルなスタイルでお出かけするためのアイテムでした。そういったスタイルが流行している背景もあり、トレンドのミニバッグを持った上で、入りきらない荷物をショッパーに入れているのです。

また、90年代のギャルにとって、ショッパーは自分のアイデンティティやファッションスタイルを表現するアイテムの一つでしたが、Z世代がショッパーを活用する理由は、「アイデンティティと切り離せること」にあります。

生の声

教科書とかもショッパーに入れてる。ショッパーはコーデと切り離せるので便利。

ショッパーの中でも特に人気なのはDiorなどのハイブランドコスメのショッパー。これらが選ばれる理由は、「シンプルでどんなコーディネートにも合わせられ、かつコーディネートと切り離せる」から。ハイブランドのコスメのショッパーは、どんなテイストの服と合わせても違和感がないからこそ、愛用されているようです。

生の声

誕生日用のプレゼントを買ったら、ふつうの紙袋で包装されて残念だったからメルカリで（別にショッパーを）買った。

フリマアプリを活用して、ハイブランドのショッパーが手軽に手に入るようになっていることも、このカルチャーを後押ししているのかもしれません。

Z世代は〝界隈〟でコミュニティを定義する

生の声

界隈って言葉を最近よく使っちゃう。

前項でも述べた〝界隈〟という言葉は、2023年もまた、Z世代の日常会話の中で本当に多く使われています。Z世代は〝界隈〟というフィルターを通して、周囲の人や集団を見ているともいえるでしょう。「界隈」を改めて説明すると、比較的小さく、ゆるいコミュニティを指す言葉であり、「K-POP界隈」「古着界隈」「学校のあの子の界隈」など、趣味からファッションスタイル、友人関係まで、あらゆるジャンルに適用して使うことができます。

特徴としては、界隈間で対立構造や明確な境界線がないこと。例えば、同じファッションジャンルの界隈である「量産界隈」と「地雷界隈」（208ページ参照）を観察したときに、両者は綺麗に分かれているわけではなく、グラデーションのようにお互い混ざり合っている領域が存在します。Z世代は、お出かけする場所や人によって服装のテイストを合わせることも得意な世代なので、複数の〝界隈〟をアイデンティティとして持っていることが分かります。

思わず「よく使っちゃう」と言ってしまうほど〝界隈〟は、Z世代に染みついています。彼らの視点を理解する上で必須の概念といえるでしょう。

トレンドは〝参加〟するもの

最後に紹介するのは、Z世代に「どのようにトレンドと判断しているの？」と質問したときの回答です。

生の声
流行りはAIが作ってるよね。

もちろんZ世代も、接触頻度を基にトレンドを判断しています。広告や口コミの他、友達のSNS投稿など、あらゆるメディアに日々触れているZ世代は、オンライン・オフライン関係なく、様々な情報源に触れながらトレンドを感じているようです。

面白かったのは、「トレンドはAIが作っている」と感じていること。逆に〝自分たちがトレンドを作っている〟という感覚はあまりないようです。さらに、過去には「カリスマ」と呼ばれるような、その人が発信すればトレンドになっていく時代のアイコンもいましたが、現在は常にトレンドの中心になっている人もいない様子。SNSプラットフォームが自分たちに適したコンテンツを配信してくれていて、その中でトレンドが作られている認識があり、Z世代がSNSのアルゴリズムをなんとなく理解しながら活用していることが分かります。

そんなZ世代にとって、トレンドは〝参加するもの〟。ゼロから自分たちがオリジナルなトレンドを作るというよりは、誰かが作ったトレンドに〝乗っかる〟ことで盛り上げていく意識が高いようでした。

生の声
トレンドは個人戦じゃなくてチーム戦になってる感じがする。

こういった発言が聞かれるのも、誰かの一声でトレンドが作られるのではなく、みんなで〝流行ってるかも〟と思われるものに乗っかり、一緒に拡散していくうちに、トレンドになっていく感覚があるからでしょう。その分、トレンドをキャッチしようとするモチベーションは高く、SNSのプラットフォームを使い分けてトレンドを見ている様子も見られました。

生の声
日本のトレンドはTikTokで知る。Pinterestや REDを使って海外のトレンドを見るかも。

生の声
服はリアル店舗のマネキンを見る。みんな同じような格好をしているのでトレンドが分かる。

生の声
LINE MUSICとかYouTube急上昇とかの順位は、なんやかんや（トレンドを知る上で）頼れる。

Z世代のSNSでの拡散力は、企業にとっても心強いものです。彼らに共感してもらい、拡散の手助けをしてもらうことができれば、世代を問わず伝播し、トレンドとなる可能性もあります。ここで言う共感は、ストーリーやメッセージなど、スケールの大きいものだけでなく、「かわいい！」「面白い！」など視覚的・感覚的なものも含みます。

彼らに「この流れに参加したい」「一緒に盛り上げたい」と感じてもらうためには、コミュニケーションに繋がる「映え」や、「再現したくなる」要素の設計が欠かせません。

生の声
YouTubeのコメント欄も参考になる。

一方、トレンドの流れが速いことから、常にスマホやSNSを見ておかなければトレンドに遅れてしまうという強迫観念もあるようでした。他人の投稿を見て自分と比較してしまったり、新しい情報を見続けることに疲れてしまうことがあっても「周りのトレンドから遅れたくないから、やめられない」という意識があるようです。

生の声
インスタ閉じて、またインスタ開いてる。

多くのZ世代が「SNS疲れはありますか？」と聞くと、「ある」と答えます。しかし、自分の界隈のトレンドに参加し続けたい気持ちから、なかなかSNS離れはできません。

そんな微妙な気持ちも、こういった一言から感じることができました。

第 5 章

around20との向き合い方

SHIBUYA109式マーケティング

生の声に向き合う理由

ここまで、Z世代の価値観や行動実態について解説してきました。皆さんが共感できる考え方やライフスタイル、そして改めて得られた気づきを、彼らに向き合う際の事前情報として心に留めておいてくだされば幸いです。

ちなみに、ここまでは十代後半から二十代前半の若者たちを「Z世代」として、あえて一括りにして論じてきましたが、実際は多くの側面で細分化・多様化しているため、もちろん、完全に一括りにするには無理があります。ここまで伝えてきたことの全てが当てはまるZ世代はむしろ稀です。どの傾向にも濃淡があり、人それぞれ微妙に異なることは、肝に銘じる必要があります。

「Z世代だから社会課題に関心が高いだろう」など、「Z世代だから」と決めつけるのは要注意です。妙に過度な期待をすることはもってのほか。彼らにとってもプレッシャーになりますし、提案したビジネスや開発した商品から、心が離れていく原因にもなります。

大切なのは、変に決めつけず、一人ひとりに向き合い続けること。そして、年齢や性別などの固定観念に囚われず、個を見つめる姿勢です。私は、細分化・多様化し、「マス」が生まれない今だからこそ、個人の生の声に徹底的に向き合い、熱量の高さや何気ない行動を観察していくことが重要になっていると感じています。また表面的には多様に見えても、その根底にある思いや考え、行動を起こす源泉には共通点が隠れています。それを見つけることが、彼らとの良い関係性を構築するためのヒントに繋がります。ビッグデータや定量調査で分かった気になってしまっていては、Z世代の心は掴めません。常にリアルは現場にあるのです！

では、どのように彼らに向き合っていくべきなのか。ここからは、実際にSHIBUYA109が行ってきた施策の事例も踏まえながら、若者たちへメッセージを発するときの姿勢や、彼ら向きの企画を立案する際に重要になってくる視点を解説していきます。

ここからはZ世代ではなく、SHIBUYA109のターゲットである「around20」（15歳～24歳の若者）という表記が多くなりますが、基本的にはほぼ同じ意味です。

around20を理解するためのマーケティングチームを発足

まず、私たちSHIBUYA109 lab. というマーケティングチームが、社内ではどのように位置づけられているかという話をお伝えします。

マーケティングという言葉は、広告や販促・プロモーションから、商品企画・市場調査まで非常に定義の幅が広く、企業によってマーケティング部門の役割も異なってきます。

SHIBUYA109のマーケティングチームである私たちSHIBUYA109 lab. は、メインの役割を「ターゲットであるaround20（15歳～24歳）への理解を深め、徹底的に可視化すること」と定義しています。そして、SHIBUYA109 lab. で収集した「around20 のリアルな視点」を、出店テナント様の誘致などを担うリーシングやプロモーション部門、SHIBUYA109 のブランドを活用した新規事業部門といった社内の他部署と連携し、様々な施策に落とし込んでいます。

この「around20 のリアルな視点」を正確に把握し、齟齬なく共有することが私の仕事になるのですが、その実現方法として行っているのが「毎月200人の around20 に会うこと」です。それだけの人数になると決して楽な作業ではありませんが、これまでもお伝えしてきたように、定量的なデータだけでは熱量やニュアンスが把握できないため、正確な理解に繋げることが難しいと気づいたことが、この生の声を集める200人インタビューを実践し続ける背景にあります。

毎月200人という量を確保することにこだわっているのにはいくつかの理由があります。一つの大きな理由は、普通のビジネスパーソンにとっては、十代後半から二十代前半の年齢層の人たちと日常的な接点を持つのは容易なことではありません。

さらに、生まれ育った時代背景が異なることで、価値観も異なりますし、少数の若者たちの話を聞いただけでは、自分の同世代や、さらに上の世代と比較して、その行動の理由を想像したり、予測することが難しいこともあるためです。

もう一つは、around20 のトレンドのサイクルが非常に速いことです。彼らの注目しているトレンドテーマも細分化しているため、高頻度かつ量的なヒアリングが必須でした。

もちろん、企業の方針や事業に合わせて、会う頻度や量は調整する必要がありますが、最も大事なことは、企業としてZ世代との接点を持つことができる環境を構築することだと考えています。

特に、「直接に接点を持つ」という点が重要なポイントです。通常、Z世代との接点を持つには、調査会社などの外部パートナー企業への依頼をすることが多いと思います。もちろんパートナー企業のサポートを得て実現できることも多々あるため、全てを内製化せよと申し上げているわけではありません。

しかし、理解する行為そのものは、なるべくアウトソーシングしないことをお勧めします。インタビュー調査を行い、全ての分析や考察をパートナー企業に任せてしまったり、納品されたレポートを見て、知った気になってしまうことは、避けるべきです。

「知った気になっている」という企業の姿勢は、ターゲットにもしっかりと伝わってしまいます。特に「Z世代」という言葉が、ある種のバズワードとなっている今、残念ながらそのようなケースは多く見られるようになった気がしています。実際に、〝Z世代向け〟の商品や企画を見ながらZ世代たちと話していると、「私たちをダシにして、お金儲けをしようとしているな」「Z世代向けと謳っているけど、実際、私たちよりももっと下の世代に向けられたものに見える」など、ネガティブなイメージや違和感を持つ様子が見受けられることは少なくありません。そんなビジネスにしないためには、ターゲットであるZ世代に対して価値提供をする責任者は自分（＝企業の実務担当者）であり、彼らを最も理解し、同じ目線を持っているのも自分であるという自負を持って向き合う必要があると思います。

「直接に接点を持つ」ことで、自社にノウハウを蓄積していくことにも繋がりますし、Z世代的な目線で物事を眺められるようになれば、外部のパートナー企業から提案してもらった企画の違和感に気づくこともできるようになります。

さらには、「いつでも」Z世代の世界にアクセスできる状況を用意しておくことも理想です。

私たちSHIBUYA109 lab.では、LINEで約1000人のaround20と直接に繋がっているネットワークを構築しており、調査協力やイベント企画、商品開発などに参加してもらっています。1000人は消費者パネル調査の対象としては決して多い人数ではありませんが、私たちは直接、彼らと連絡ができる環境を作り、数よりも質を重視して、ネットワークを日々運用しています。

「直接に」「いつでも」繋がることのメリットはまだまだあります。私は、一番大事なことは、信頼し合う関係構築ができることだと考えています。

私たちは、彼らとメッセージのやり取りだけでなく、面談などでどんなことに興味があるのかなどを聴取し、一人ひとりの「人となり」を把握・記録しています。これにより、「K-POPヲタの実態について聞きたいときは、Aさん」「男性美容について聞きたいときは、B君」といったように、具体的なテーマについて聴取したいときに、条件に当てはまる対象者をスムーズにリクルーティングすることも可能になっています。また、声をかけるタイミングも自社内の検討・調整のみで完結するため、外部の企業に無理なスケジュール進行でお願いすることもありません。

ちなみに、商業施設の運営を行っている私たちは、SHIBUYA109館内で声をかけたaround20を中心にネットワークを構築しています。リアル店舗を持っている企業であれば、店舗内での声かけも有効でしょう。

しかし、このような環境があることは稀だと思いますので、まずは自社のSNSアカウントや会員組織からターゲットを抽出して座談会を開いたり、インターン生にお願いして友達を呼んできてもらうなどの施策を始めてみると、新時代のマーケティングへの一歩が踏み出せるかもしれません。

何度も言いますが、大事なことは、まずは直接、会ってみることです。

同じ目線で、彼らの感覚をインストールし、彼らの世界に参加していく

彼らと向き合う際には、彼らと同じ目線を自分の中にインストールするように意識することをお勧めします。一番重要なのは、around20と会話するときの姿勢です。「未来を担う新世代だ!」と持ち上げてみたり、自分より若い世代だからといって子供扱いすることは絶対に避けるべきです。へりくだってすり寄っていくのでも、高圧的に接するのでもなく、フラットな目線で対面するべきでしょう。

彼らは調和を重んじ、相手に合わせて距離感を調節することが上手です。大人にも分かりやすいように話そうとする一方で、大人側の態度に合わせて本音を話すことを避けたりします。場合によっては、ここまで話してもきっと分かってくれないよな、と判断して、リアルな部分を見せてくれなくなってしまうこともあります。ですから、無駄なプライドを捨て、彼らの世界をリスペクトしながら、企業の方からZ世代の世界に参加していく姿勢を見せることが重要となります。

また、彼らと同じ目線になるには、聴取する内容や方法についても工夫が必要です。

通常、企業のマーケティングにおいて、インタビューや調査をする際、自社製品やサービスに関する内容を聴取します。しかし、その商品やサービスについて、消費者が日常的に意識していることはほとんどありません（概して、これはZ世代だけではありませんが）。

特にその商品やサービスが、第3章で解説した「メリハリ（減り張り）消費」で言うところの「メリ（減り）消費」の方にカテゴライズされていた場合は、お金や時間を使う優先度が低い対象になっているわけですから、いくら聴取しても、価格の安さなどの言及に留まってしまい、あまり参考になる意見は聞き出せません。

逆に、「ハリ（張り）消費」にカテゴライズされている対象の商品やサービスについては、購買意欲が非常に高く、消費行動のハードルが一気に下がります。ですから、たとえ、自社製品・サービスが彼らの思う「ハリ消費」とは、一見、程遠い存在だったとしても、「ハリ消費」に該当するモノやコトと掛け合わせることによって、around20との距離を一気に縮めるアプローチの糸口が見つかる可能性は十分にあります。

360度の方向からaround20を観察し、理解する

私たちSHIBUYA109は商業施設の運営がメインの事業となりますが、年間の調査の中で商業施設の使い方についてインタビューすることはほとんどありません。むしろ、ヲタ活やファッション、美容や学校生活など、彼らの関心が高いことやお金や時間を使っていること、あるいは生活に直接に関わっていることを中心に聴取しています。その理由を簡潔に言うと、みんな商業施設に対しては、あまり興味がないからです。

もちろんSHIBUYA109が大好きで、SHIBUYA109に遊びに来るために渋谷に来る、と言ってくれる人もいます。しかし残念ながら、そのような若者ばかりではありません。むしろ渋谷に来る目的は、SNSで話題の路地裏にあるカフェを訪れるためだったり、全く別にあるのです。その日のメインの用事が終わった後、友達とふらふらと渋谷を巡り、買い物などを楽しむ流れの一環で、SHIBUYA109が浮上してくるだけにすぎません。しかし、そのときでさえ、「SHIBUYA109に行こう！」と話し合って決めることはありません。

彼らは、友達と回るルートが大体いつも決まっています。そのルートの中にSHIBUYA109が入

っている場合に限り、フラッと立ち寄っているわけです。SHIBUYA109だけの話ではありませんが、都会の商業施設は、彼らにとって目的の場所になることはほとんどないのです。あくまでも選択肢の一つです。したがって、彼らのお決まりのルートの中に、SHIBUYA109をいかに入れてもらえるかがカギなのです。

Z世代が、この商業施設で○○がしたい！と考えながら渋谷の街を歩くことはほとんどありません。企業サイドは前提として、自分たちの商品やサービスはターゲットの若者たちの生活の中心には存在していないことを常に念頭に置いておかねばなりません。しかしこれは、ハッキリ意識していないと、意外と至難のワザかもしれません。

だからこそ、商業施設に関することよりも、わざわざ出向いて行くカフェの魅力や、ヲタ活の楽しみ方、そしてSNSに投稿する写真や動画の撮り方やそのこだわりについてを中心に聞いています。そこで発見された行動原理を応用し、SHIBUYA109の館内の企画に落とし込んでいるというわけです。

例えば、10年ほど前のSHIBUYA109の店舗は、アパレル関連の店舗がほとんどを占めていましたが、彼らの声を聞いて明らかになった消費行動（アパレルよりお金を落としているのは、コスメや食、エンタメであるという実態）を基にテナント構成を変更しました。端的に言えばアパレル比率を下げ、そこに、これまでSHIBUYA109にはなかった要素の店舗を追加したのです。

さらに、SHIBUYA109の館内の各フロアの非常階段には、〝映え壁〟があります。これは買い物を楽しむだけでなく、友達と自撮りをしたり、動画を撮ったり、「推し活」関連の写真を撮ることを想定して設置されています。買い物以外の時間の過ごし方を創出することで、来館の目的となる選択肢を増やそうと意図したことは言うまでもありません。

around20が、お金や時間を使う価値があると感じているモノやコトには、必ずビジネスのヒントが隠れています。彼らの熱量が注ぎ込まれている対象とその理由を深く探っていくと、必ず自社製品・サービスと掛け合わせられるフックが見つけられるはずです。

重要なのは、自社都合の話を聞くのではなく、360度の方向からaround20を観察し、理解すること。そして、自社製品とaround20の距離を埋めてくれる価値観や消費の実態を把握することです。

そして、彼らにヒアリングをする際には、彼らが答えを持っていると思わないように注意することが必須です。商品についてヒアリングするときは、ついつい「AとB、どっちがいい？」と聞いてしまいがちです。これでは、聞かれる側は選択肢を限定されてしまう上に、仮にAもBもそこまで良いと思っていなかったとしても、調和を重んじる彼らは、どちらかを選んでくれてしまいます。彼らがAと答えたからAが正解だ！と決めつけてしまうことは避けないといけません。商品の評価を聞きたい場合は、できるだけ多くの仮説を持ち、それぞれの評価を聴取しながら、ふとした瞬間の反応や言葉と言葉の間など、彼らの無意識の振る舞いを観察していくことを勧めます。そこに彼らの本音が見えてくるからです。

また、最初に仮説をもって接することも非常に重要です。彼らに答えを求めるのではなく、こちら側の仮説を検証することに協力してもらうというスタンスを意識しましょう。答えを決めるのはあくまでも私たち、企業の担当者でなくてはなりません。こうして彼らと直接に話す機会を重ねていくと、仮説の精度も確かなものになり、インサイト発掘やアイディア設計のクオリティも高まります。

彼らと接点を持ち、仮説をもってヒアリングし、ノウハウを蓄積していくサイクルを社内で構築することによって得られるメリットは小さくありません。

社内の共通認識を作り、蓄積する

また、収集した情報は、当然ながら、社内で活用し事業に活かしていかなくては意味がありません。SHIBUYA109 lab.も、インタビューを基に収集したaround20に関するデータを、リーシングやプロモーション、新規事業などを担当する各部門と「共有」し、様々な施策に活用しています。私たちが様々な施策を検討する上で最も重視し、丁寧に行っているは、この「共有」の部分です。

要は、ターゲットに対する社内の共通認識を作るのです。

一度、読者の皆さんも社内のメンバーに「Z世代ってどんな人だと思いますか？」と質問してみてください。おそらく、「Z世代」に対する前提の認識は、人それぞれにかなり異なっていると思われます。Z世代の年齢層から始まり、そのマインド（好きなモノやコト）をどんなものと想像しているのか。相当に違う答えが返ってくることでしょう。

実際問題として、Z世代自体が細分化・多様化しているため、捉える側面が異なれば、全く違う人物像が浮かび上がることになります。皆さんのお子さんにZ世代がいたりすると、自分の子供の性向＝Z世代の特徴として捉える方もいらっしゃるでしょう。

「Z世代とは何か？」とシンプルに問うたとき、全員で共通認識を作るには「主語」が大きすぎるのです。問われているのは、何が正解なのかということではありません。重要なのはプロジェクトに関わる全ての人の「Z世代」に対する認識と解像度を揃える必要があるということです。

共通認識を作る工程がないと、せっかく苦労して彼らのことを理解したとしても、アウトプットに乖離が出てきてしまい、非常にもったいないことが起きてしまいます。また当のZ世代サイドにしても、「みんなに向けられた」発想で提案されたモノに対しては、関心が高まりません。そのようなものはいくらでも世の中に溢れ返っています。自分の限られたお金や時間を使ってまでわざわざ選ぶ気は起きないでしょう。

SHIBUYA109でもかつて同じことが起きていました。私たちのターゲットである「around20」

SHIBUYA109のブランドターゲット・フォロワーターゲット るな＆ゆりあ

ブランドターゲット 女子
るな

#他人ウケより自分ウケ重視
#周囲の人からセンスが良いと思われたい
#流行は全て取り入れず、自分で取捨選択

フォロワーターゲット 女子
ゆりあ

#109現ユーザーに多い
#何でもポジティブに捉える
#流行は全て抑えたいミーハー女子
#自分のこだわりは薄い

※ブランドターゲット
ブランドの世界観に最も共感し、企業と共にブランドを作る体現層（施策判断の拠り所）

※フォロワーターゲット
憧れ・機能性・価格など、誘引理由は様々だが、結果的に自社顧客に引き込む取り込み層

について、どんなイメージがあるのかを社内でヒアリングしてみたときのことです。見た目の話をする人もいれば、好まれているファッションブランドを答える人もいました。彼らの性格を推測する人なども出てきて、それはそれは多種多様な回答が返ってきました。しかし、これでは、SHIBUYA109としての施策の統一感が生まれません。ブランドとして提供する価値もぼやけてしまいます。

そこでまずは定量調査も活用しながら、ブランドターゲットを共有する作業に工夫を加える努力をしました。趣味嗜好が多様化しているため、苦労した記憶があります。年齢などのデモグラフィック情報や、好きなファッションスタイルなどの表層的な情報だけではなく、トレンドに対する捉え方やSNSでのコミュニケーションにおけるモチベーションなど、消費価値観やマインドの観点からaround20を分析し、一緒に価値を創っていくパートナーとして、ターゲット設定をしたのです。around20というどうにでも捉えられるターゲット像をもう少し解像度を高め、細やかな共通認識を設定したのです。

ターゲット設定という作業自体は、多くの企業が行っていることと思いますが、私たちはさらに理解を深めていくための追加情報の共有に力を入れています。大切なのは、社員全員がターゲット像を机上の空論にせず、正確に捉え、実務に活用できる状況作りを優先することです。

例えば、私たちは設定したターゲットに、「るな」と「ゆりあ」という名前を付けました。簡単に言えば、いわゆる「ペルソナ」作りです。「るな」は自分の軸を持っていて、トレンドの取捨選択を行える若者。「ゆりあ」はトレンドが大好きで、どんなトレンドもポジティブに取り入れる若者……というふうに定義しました。

二人はそれぞれ、トレンドに対する捉え方や消費行動の特性が異なります。「るな」や「ゆりあ」のようなマインドを持つaround20を、手触り感のある情報として共有するため、SNSで、それぞれの実態に該当する写真を探し出し、可視化することを行いました。現在は情報を半年に1回は更新し、定期的に共有しつつ、実務で活用するためにさらに必要な情報は、各部署の担当者と相談をしながらさらに追加情報の収集・可視化を行っています。

また、ターゲットの共通認識を作ることは、SHIBUYA109渋谷店の40周年の際にも入念に行いました。２０１７年頃から、２０１９年の40周年に向け、SHIBUYA109が大きくリブランディングを図るための準備を進めていました。ロゴの変更だけでなく、「SHIBUYA109 LAND」をコンセプトに、施設内の共用部のデザインを変更することを皮切りに、地下2階に食べ歩きをテーマにした飲食フロアを開業するなど、初めてのチャレンジが目白押しでした。

私はその中でも、地下2階の飲食フロア「MOG MOG STAND」の準備が印象に残っています。店名やロゴの検討、テナントの選定、テナント様に提供していただくメニューや店舗デザイン、共用部デザインなど、around20がわくわくする空間を作るための作業に明け暮れました。そして、この仕事は、社内だけでなく内装のデザインや施工をしてくれるパートナー会社も加わり、非常に多くの人が関わるプロジェクトとなりました。

まず、共用部のデザインを検討するにあたり、パートナー会社の方からいくつか案をいただきました。しかし、初めていただいたデザイン案は大変申し訳ないのですが、どれも今のaround20が好きな雰囲気には当てはまっていませんでした。第一印象としては、若者のイメージが10年も15年も前のままで止まっているな……というもので、かなりの危機感を覚えた記憶があります。

しかし、そうなってしまうのも仕方ないのです。彼らはaround20との接点もなく、around20の好みをイメージすることも困難だったと思います。しかし、ビジュアルコミュニケーションが主流で、息を吸って吐くようにＳＮＳに投稿するaround20をわくわくさせるには、空間のデザイン

SHIBUYA109 渋谷店 B2F「MOG MOG STAND」

が非常に重要なのです。そこで、ここでも、共通認識作りから始めました。

例えば、「around20 が好きなピンク」や「インスタ映えスイーツ」などを定義していきました。これらは当時、Z世代の間でも言語化されていませんでした。それを空間デザインの形でアウトプットするためには、定義の共通認識化は非常に大切な作業となります。

あるときには、会社の上層部を集めて「どのピンクが今の around20 が好きなピンクでしょうか？」というクイズを出したこともあります。当時は「くすみピンク」がトレンドでしたが、偉い方々の多くが、SHIBUYA109 の最盛期90年代後半に流行ったようなショッキングピンクと回答しました。ちなみに、クイズ形式のプレゼンテーションは意外と効果があります。その場で意見が分かれると、認識がバラバラであることが明白になります。そして、共通認識がないとプロジェクト内でのコミュニケーションにも齟齬が生じてしまうことを会議に参加している全員で、分かりやすい形で確認することができるためです。

この情報はパートナー企業にもその都度共有し、プロジェクトに関わる全ての人が同じ認識を持つようにしました。そして、迷ったときには立ち返ることのできる拠り所としても活用しました。

また、食のフロアを設計する際には、もちろん「around20の食の楽しみ方」についても解説しました。実際にSNSに投稿されている写真や動画を用いて実態を可視化し、重要なポイントはさらに言語化して共有したのです。当時はタピオカやチーズハットグなどワンハンドフードがトレンドでした。彼らは友達と同じメニューを頼み、カラフルな壁を背景に商品を撮影したり、1人で2つの商品を持ち、壁の前に立って写真を撮ることが主流の遊び方でした。

これらの事実を基に、私たちは、フードフロアには写真を撮影できるスペースが必須であると考えるに至りました。その結果、写真を撮影することを第一に想定し、出店者様に〝映え壁〟の設置をお願いし、実現していただきました。テナント様に映え壁の設置までも依頼したのは、当時では非常に珍しいことだったと聞いています。また、通常はただの通路やゆっくりする場所である共用部の壁のタイルにもこだわりました。どこで撮影しても彼らの理想の写真が撮影できるような空間を実現したのです。

ターゲットと同じ目線をインストールし、彼らからヒアリングした情報を基に共通認識を作り、様々な施策を実現した結果、SHIBUYA109はaround20の好きなモノやコトが集まった場所に生まれ変わることができました。実際に多くのaround20に楽しんでもらえる場所となり、過去最高の入館者数を記録するまでに至ったのです。

同じことを体験してみる

グループインタビューや共創プロジェクトで継続的な接点を持つこと以外にも、彼らの感覚をインストールできる方法があります。

例えば、私は個人的に自分のSNSアカウントを、around20が普段触れている情報と同じものが流れてくるように工夫しています。SNSのアルゴリズムは、フォローするアカウントや「いいね！」した投稿によって構築されます。そのため、実年齢の意識でSNSを触っていると、三十代は三十代向けの、五十代は五十代向けの投稿しか見ることができないのです。この設定を逆手に取り、私は定期的にaround20に人気のあるインフルエンサーやトレンド投稿に「いいね！」することで、アルゴリズムを矯正しています。彼らの生活に没入することで、同じ目線を持つ訓練にもなります。

その他にも、around20に人気のあるスポットに実際に行ってみることも大切です。人気のカフェに行ってみると、around20 たちがどんなファッションでその場所を訪れているのか、どのように写真を撮影しているのかといった、食事や撮影をするときのこだわりを間近で観察することができます。

また、友達同士でのフランクな会話を聞いているだけでも、インタビューに参加してくれるときとはまた違った面を見ることができ、大変勉強になります。これらは地味ですが実に効果的な方法です。インタビュー時に、around20 の若者たちと「それこの前 TikTok で見た!」とか、「そのカフェ、この前行ってきたよ!」という同じ世界を共有している上で会話ができるため、心理的な距離感も縮まります。

体験から逆算した商品開発

SHIBUYA109 lab. では2018年からZ世代をターゲットとする外部企業のマーケティングサポートを行う事業も始めています。

クライアントの業種業界は様々で、多くの企業がZ世代の価値観や実態を掴めず、どのようにアプローチしたらよいのか、困っていました。様々なクライアントのサポートを重ねていく中で、私は企業の商品やサービス開発に関する考え方を根本から変える必要があるのではないかと思い至りました。

なぜなら、「体験消費」の項で解説した通り、Z世代たちは、モノを起点に消費行動を起こしていないからです。彼らは、SNSに投稿する写真に収める空間や、表現したい世界観から逆算して、その世界観を完成させるために必要なモノを消費しています。

あるメーカーのクライアントは、商品開発の際、モノをモチーフに商品デザインに落とし込んでいたため、商品単体で世界観が成立していました。もちろん、メーカーの技術とこだわりが詰まっている商品は、それは素晴らしいものでした。しかし、商品単体で世界観が成立している場合、商品の世界観を優先しなければならず、自分の好きな世界観との乖離がある場合、Z世代はその商品を選びません。Z世代の求める世界観に溶け込める商品でなければ、見向きもされなくなってしまうのです。必要なのは、モノ単体で世界観が成立している状態ではなく、彼らの求める体験の世界観に溶け込めるモノなのです。

商品開発においても、「ターゲットの求めている体験から逆算すること」が重要なアプローチ方法となると考えています。

先述した「MOG MOG STAND」の映え壁も、SNSに投稿することを前提と想定し、そこから逆算して設置したものです。

割引クーポンを発行するよりも、写真や動画を撮りたくなる空間かどうかや、SNSに投稿して友達と共有したくなる要素が多い方が、よほど集客や実購買に繋がります。彼らの体験から逆算し

Z世代が好む世界観例

令和ギャルY2K

はっきりしたカラフルな
色味でレトロアメリカ風。

韓国モノトーン

白・黒でまとめ、
クールな印象を演出。

フレンチガーリー

昔のフランスのお嬢様のイメージ。
ビンテージ感が特徴。

量産・地雷

ピンク / 白 / 黒を基調とし、
可愛らしい印象を演出。

た商品開発を行うためには、まずは、彼らが好んでいる体験を可視化することをお勧めします。

Z世代の様々な活動には、どんな種類の世界観がその背景に存在し、それぞれがどのような層に好まれているのかを把握することも効果的です。やり方は至ってシンプルです。インタビューの事前に、自分の好きな世界観が表現されている写真を複数枚持ってきてもらい、グループ分けしていくワークをします。それだけで、Z世代が好んでいる世界観の種類および各世界観を成立させるための条件（写り込むものや加工方法など）を明らかにすることができます。

共創するという姿勢

私たちは日々のマーケティング活動において、ターゲットと「共創する姿勢」も大切にしています。40周年に向けた様々な企画検討の工程で、その都度インタビューをしただけではなく、企画検討のメンバーとしてaround20に参加してもらうことも試みました。商品開発やイベントの企画など、様々なフェーズで実践しましたが、around20のメンバーと一定期間、定期的なミーティングを行いながら、個々の企画の細かい部分まで一緒に検討を行いました。私たちはこの共同作業を、「共創プロジェクト」と名付けました。

この試みは40周年企画を終えた今も引き続き行っていますが、実にいろいろなメリットを感じています。もちろん予算や実現の可能性のバランスなど、事業にまつわる最終判断は企業が主体となりますが、彼らの自由な発想や大人には気づくことができない視点、アイディアを共有してもらうことで、よりターゲットに喜んでもらえる企画を実現することができます。また、企画の最初から最後まで並走してもらうことにより、参加してくれたaround20の若者たちも楽しんで取り組んでくれ、一緒に達成感を味わえることも魅力です。継続的に接点を持つという観点においても、共創プロジェクトは適しています。そして、特定のテーマについて「一緒に考える」ことを基本にした活動を行うことは、Z世代に関する理解を深めながら企画のヒントを得ることができるため、とてもおススメです。

私たちは、2021年より、ファッション×社会課題をテーマに、30人ほどの学生と活動する「SHIBUYA109 lab. EYEZ」(以下、EYEZ)というチームをMNインターファッション株式会社と共同で設立し、運営しています。

この活動は、SHIBUYA109 lab. で実施した調査で、「Z世代は社会課題に関心があるけれども、行動に移せていない人が大半である」という状況が明らかになったことを背景に生まれました。

Z世代は様々な社会課題に関する情報には日々接しています。ですから「地球のオゾン層破壊」や「海洋プラごみが海の生き物の健康を脅かしている」といった社会事象は理解しています。しかし、それらのどの事実も壮大すぎて全く身近に感じられないという現実的な問題を抱えています。そして社会課題解決に関して取り組まないといけないとは感じているけれど、いざやるとしたら何をすればよいのかも分かりません。中には、社会課題解決のための行動を全部やらないといけないのかな？　でもそれはあまりにもハードルが高いな……と感じてしまう人もいます。

そんな彼らが社会課題をより身近に感じられるような環境を作ること、つまり社会課題を自分事化し、アクションを起こすサポートを行うことを目的に、ＥＹＥＺの活動は始まりました。要するに、社会課題そのものに対する理解を深めるだけでなく、様々な参加手段や取り組み姿勢についてＺ世代の視点からＳＮＳで共有しつつ、自分で手段とスタンスを選び、できることからカジュアルに参加していくことを後押しする取り組みです。ファッション業界の社会課題に明るいＭＮインターファッションの皆さんより、リアルな実態を共有していただき、課題に対する理解を深めました。その上でディスカッションを行い、各自が課題に向き合うスタンスや選択肢を決め、行動に移していいます。

参加している学生メンバーも社会課題への知識やモチベーションは多様であったため、同じ情報を共有されていても、彼らのスタンスと選択肢も様々でした。例えば「サステナブルをトレンドで終わらせない」「無理のない範囲で行動する。古着を積極的に取り入れる」という声や、「かわいいとサステナブルの両立、もしくは、かわいいが第一、サステナブルは第二」など、社会課題の優先順位やアクションの選び方も様々です。この活動を通して彼らの提示してくれた各自の答えが、社会課題との向き合い方のリアルであると感じます。

このように、若者たちと共創の姿勢を取り、一緒に社会課題に対して理解を深めたことで、彼らの大きな悩みでもある「社会課題に関心があるけど、アクションできていない」ことの理由が浮き彫りになりました。そこから、企業として彼らとどのように協力して社会課題に向き合うべきか、という施策の軸になる手法が見つけられたのです。

彼らとの対話を基に、EYEZではサステナブルな素材を使ったトートバッグの制作・販売をしたり、同世代が社会課題に触れるきっかけを作るために、SNSで活動情報の共有を行ったりしました。社会課題に対する理解を深めるための動画も制作しました。これらの行為は、EYEZの活動に参加していないZ世代に向けて行っています。Z世代の目線から、社会課題に関する情報を届けることで、その課題へ取り組む方法が、より身近になることを目指しています。

私たちは、彼らと共に一つのものを創り上げることで、本来の目的以外にも、様々な気づきを得られています。例えば、SNSの投稿の作り方や情報のまとめ方、ふとしたときの会話から見える考え方など、社会課題に関連するインサイトだけではない、等身大の彼らの様子を間近で感じることができます。

SDGsに関する取り組みは、多くの企業が始めていますが、企業の担当者でも課題に関する理解度について、不安を感じることもあるのではないでしょうか。うわべだけで取り組むわけでも、妙に身構えるわけでもなく、一緒に学び、考える機会を持つ。その上で企業としてのアクションを検討していくことは、ターゲットを置いてけぼりにしない取り組みを実現していく一つの有効な手段です。

Z世代にアプローチする際の注意点

Z世代と真摯に向き合い、連携していくことで発見・発掘されたインサイトを、実際にビジネスの施策に落とし込むときに意識するべき視点があります。それは一言で言うと、「企業の都合を押しつけないこと」です。

心得1　SNSアカウントは一方通行な掲示板にしない!

例えば、Z世代との接点を持つためにSNSを活用することはもはや当たり前となっていますが、皆さんの会社のSNSアカウントは、どのように運営されているでしょうか?

企業のSNSアカウントでは、新商品の発売や、何か企業が伝えたいことがあるときにだけ投稿がされている、いわば掲示板のような使い方をされるケースがよく見られます。これはあまり良い形ではありません。なぜなら、SNSはZ世代にとって情報収集場所である前にコミュニケーションの場であるからです。

掲示板のようなアカウントでは彼らは親近感も感じないですし、彼らとの距離は縮まることもありません。望ましいのは、相互コミュニケーションが生まれることを目標にSNSを活用すること。日常的にZ世代との接点を作り続け、関係構築がされていくからこそ、本当に伝えたい情報への反応が返ってくるのです。

SHIBUYA109でもSNSアカウントの運営をしています。メインの目的は、若者に共感してもらえる接点作りです。SHIBUYA109に関する情報の共有の場でもあるため、新商品やイベントの告知もされています。しかし、投稿には、SHIBUYA109に関連する情報でなくても、ターゲットの関心が高いトレンド情報の共有もしています。Twitterではない SNS担当者の日常や、SNSで話題になっていることに反応するなど、いい意味で、どうでもいい内容も散見されます。しかし、決してさぼっているわけではありません。この〝どうでもいい内容〟に対して反応してくれるフォロワーからのコメントに返信したり、質問箱などの機能を使ったりすることで、相互コミュニケーションを生み出しているのです。

SNSで友達のような関係性を築いていくことで、伝えたい情報も押しつけがましくなく伝えられる環境を実現しています。

残念ながらZ世代は、企業のSNSアカウントに何も期待していません。しかし広告が効かないZ世代に対して、SNSでアプローチし、コミュニケーションを取ることは超重要です。一方で、企業側は若者のSNSの使い方を理解していなければ、炎上や問題になるリスクばかりを考えてしまい、内容もさることながらスピード感も出ず、コミュニケーションの機会を逃してしまいます。SHIBUYA109のSNSの運用や発信するコンテンツについて言えば、実は、ターゲットと同世代で、同じ文化を共有するスタッフ・アルバイトが、同じ目線で取材して記事を作成しています。商業施設を運営するデベロッパー各社でここまでやっているのは稀有な例に思われます。SNSに対してもリソースを投下している運営は、他にはないことだと自負している所以です。

心得2　ツイートの先にある世界を意識。参加したくなる隙を作る

また、SNS上でのキャンペーンを行うことも多いのではないでしょうか。「アカウントをフォロー・リツイート・いいね！してくれたら◯◯をプレゼント」「SNSに投稿してくれたら◯◯」などの企画をよく見かけます。

もちろん一定の効果も見込めるため、全てが悪いわけではありません。しかし、このような企画を立てる場合にも、SNSがコミュニケーションの場であることを意識することを忘れてはいけません。SNSは企業とZ世代の接点を作る場でもありますが、Z世代にとっては、友達との接点の方が重要です。

リツイートやいいね！は、友達のタイムラインに「◯◯さんがこの投稿をリツイート／いいね！しました」と表示されます。そのため、SNSでどんなものに反応しているかを友達にも知られて

しまうのです。これは周囲の目を常に意識し、関係値に合わせてSNSのアカウントも使い分けているZ世代にとって、大きなリスクです。「こんなキャンペーンに、いいね！している」と友達に知られることが自分のイメージにも影響すると考えます。

そのリスクを回避するために、「懸賞用アカウント」や誰にもフォローされていない「捨てアカウント」を活用してキャンペーンに参加する行動も見られています。これでは、リツイートされても彼らの友達がその投稿を見ることはなく、Z世代に広く拡散していくことを目指す企業の本来の目的も達成できない可能性も生まれてしまいます。

企業の都合を優先してリツイートやフォローを求めるのではなく、リツイートした先に、Z世代同士の間で、どんなコミュニケーションが生まれるかを想像することが重要です。また彼らがリスクと感じることを払拭しつつ、また彼らのSNS上でのアクションが周りにポジティブに見られるようにするためのサポートを行うことも意識する必要があります。

例えば、アレンジの余白を作ることも効果的です。WEB上で診断するものや、カスタマイズすることで自分のオリジナルを作ることができるなど、「私はこれだった！」や「私はこうやって作った！」と周囲に共有するきっかけを提供することで、その先のコミュニケーションや「私もやってみようかな……」という拡散にも繋がりやすくなります。キャンペーンには、プレゼントなどの即物的なメリットだけでなく、参加したくなる隙を組み込むことも意識してみるとよいかもしれません。

Z世代のコミュニティを優先するには、彼らが大事にしている、調和を乱さないための人との距離感調節があることや、友達との関係を演出できる要素が必要であることを忘れてはいけません。

心得3　個人の選択の自由を守る

また、個人の選択の自由を確保することも重要です。例えば、骨格診断やパーソナルカラー診断が注目されている今、これらを企画に活用することで一定の効果は見込めます。しかし、この手の診断は、彼らの選択をサポートする手段であることを忘れてはいけません。「ブルべ限定!」(ブルーベース限定)や「骨格ストレートさんは絶対にこれ!」など、診断結果を押しつけるような形にしてしまわない注意が必要です。彼らの選択のサポートをすることと、選択を限定してしまうことは全く異なります。

さらに、ジェンダー的な観点でも同様です。性別問わず楽しめる商品・サービスであることはもはや必須条件です。しかし、企業がよかれと思って行った商品・サービスのオールジェンダー化が、選択の自由を奪うことに繋がることもあるのです。

例えば、あるコスメブランドがオールジェンダーに使ってもらうことを目指し、リブランディングされたことがありました。それに伴いデザインもかわいらしいものから、中性的なデザインに変更されました。しかし、このリブランディングに対して、Z世代からは、残念だという声がよく聞かれました。彼らは、かわいらしい世界観が大好きで、商品を購入していたからです。「かわいらしい世界観」を好んで選ぶことが、ジェンダーを問わないのであって、むしろかわいらしいデザイン＝女性のためのものという決めつけが背景に感じられてしまう可能性もあります。このようなリブランディングによって、「かわいらしい世界観」が好きな人の選択肢が奪われてしまい、残念に感じる人もいるのです。

周りの目を気にしているZ世代は、自分を主語に意思表明をすることをリスクとも捉えています。そんな彼らにとって、ブランドは時として、自分の好きや共感を間接的に表明する手段でもあります。

大事な視点は、個人の選択肢を狭めたり、制限しないことです。これまで培ってきたブランドの魅力を再定義する際にも、意識する必要があります。

調査データ一覧

本書に掲載されているアンケート結果など（本文中に※で注記）は、
すべてSHIBUYA109 lab.による独自調査から引用しています。
元データをご覧になりたい方は、以下のSHIBUYA109 lab.サイトをご参照ください。

※1 【P18／5行目、P126／後ろから2行目、P129／3行目】
Z世代のお金と投資に関する意識調査（2022年）
https://shibuya109lab.jp/article/220412.html

※2 【P27／後ろから2行目】
Z世代のSDGsと消費に関する意識調査（2022年）
https://shibuya109lab.jp/article/220920.html

※3 【P31／2行目】
Z世代のジェンダーに対する意識調査（2021年）
https://shibuya109lab.jp/article/210518.html

※4 【P81／1行目、P82／7行目、P110／5行目】
Z世代のSNSによる消費行動に関する意識調査（2021年）
https://shibuya109lab.jp/article/220118.html

※5 【P126／後ろから6行目】
若者のお金に対する意識・実態（2021年）
https://shibuya109lab.jp/article/210317.html

※6 【P94／8行目】
SHIBUYA109 lab.×CCCマーケティング共同調査『Z世代の食に関する意識調査』（2021年）
https://shibuya109lab.jp/article/211019.html

※7 【P130／後ろから4行目、P131／5行目】
Z世代の映像コンテンツの楽しみ方に関する意識調査（2022年）
https://shibuya109lab.jp/article/220818.html

※8 【P137／4行目】
Z世代のヲタ活に関する意識調査（2022年）
https://shibuya109lab.jp/article/220712.html

※9 【P148／1行目、P149／5行目、P150／6行目】
コロナ禍におけるZ世代のヲタ活実態調査（2021年）
https://shibuya109lab.jp/article/210713.html

※10 【P162／3行目】
SHIBUYA109 lab.トレンド大賞2022
https://shibuya109lab.jp/article/221108.html

※11 【P171／2行目】
SHIBUYA109 lab.トレンド予測2023
https://shibuya109lab.jp/article/221213.html

おわりに

私が「SHIBUYA109エンタテイメント」に入社したのは、２０１７年のことでした。２０１４年に新卒で入社したマーケティング会社で、様々な企業の調査やＰＲのサポートをしていた私は、事業会社でマーケティングの実務経験を積みたいと考えていました。

そんなときに、たまたま見つけたSHIBUYA109の求人情報に「マーケティング部門の立ち上げ」という言葉があり、ゼロから始める仕事の面白さにわくわくして入社を決めたことを覚えています。

「SHIBUYA109」は、東急グループが１９７９年から運営している複合商業施設です。

東京・渋谷に構えた旗艦店を中心に複数の店舗を展開し、40年ほどの歴史があります。中でも旗艦店（現・SHIBUYA109渋谷店。開業当初の10年間は「Fassion Community109」という名称だった）は、１９９０年代後半から、他にはない個性的なブランドをいち早く誘致することで、「マルキュー系」といわれるファッショントレンドを創り出し、カリスマ店員ブームや若者起点のムーブメント・カルチャーを創造してきました。幼い頃の私は、そんなマルキューに憧れていたうちの一人です。

驚いたことに、世間に名の知れた商業施設であったにもかかわらず、当時のSHIBUYA109にはターゲットである若者の理解を深めるための接点はほとんどありませんでした。当時の現場のプロフェッショナルな感覚と、ご出店各社のご尽力やメディアの方々のお力添えにより、若者文化を象徴・牽引するような存在になったのです。

しかし、この幸運な状況は、２００８年頃から徐々に様相を変えていきます。オーバーストア化や、若者を取り巻く情報環境や趣味嗜好の急激な変化を捉えきれず、低迷期が続きました。このままではいけない――事態をブレークスルーする打開策が模索されました。その結果、必要なことは、激変した外部環境に迅速に対応しつつ、時代をリードする新たな挑戦なのではないか。そう結論づけられ、株式会社SHIBUYA109エンタテイメントが創立されました。

そして、今後も未来永劫SHIBUYA109が若者の聖地であり続けるために、マーケティング思考（私たちの定義では、「ターゲットであるaround20、すなわち15歳〜24歳の若者たちへの理解を深め、徹底的に可視化すること」）を起点とした事業体制を一から作り、ターゲットと改めて向き合い直そう――私が入社したのは、SHIBUYA109の第二の創業ともいうべき気運が沸き起こっていた、そんな時期でした。

２０１７年に入社してから、私はSHIBUYA109のターゲットであるaround20の実態を把握するための業務設計から、ブランドターゲットの設定・各部署と連携したデータ活用の体制作りなど、マーケティング活動の基盤を作り上げました。

対象を若者に特化した研究機関「SHIBUYA109 lab.」も設立。私はその所長として、ターゲットの声を収集し、各部署と連携しながら事業に活かしていきました（その道程《みちのり》には紆余曲折×10万回があり、決して平坦な道のりではありませんでしたが、それはまた別の物語です）。

かくして開業40周年でもある2019年春、私たちSHIBUYA109エンタテイメントは、コツコツと取得した若者に関する様々なデータを基に、大きなリブランディングを図りました。ブランドロゴの変更をはじめ、ターゲットが求める要素が全て詰まった場所を実現するため、館内の大幅なリニューアルも行いました。

その結果、2019年末には最盛期をしのぐ、過去最高の年間入館者数970万人を記録したのです（その頃から、私たちがターゲットに据えたaround20の若者たちは、いつのまにか「Z世代」と呼ばれ、世の中に注目されるようになっていきました）。

もちろん、コロナ禍を経た2023年3月現在も、SHIBUYA109は、若者たちと向き合い続けています。そして、今後もその姿勢を維持していきたいと考えています。「Z世代」の次の世代の若者たちが登場してくるであろう未来にあっても、その姿勢は変わることはありません。

最後に、この本の出版の応援&サポートをしてくださった会社の仲間たち（特にSHIBUYA109 lab.のメンバー）、出版に関して相談に乗ってくださった方々（腕利きマーケッターの松浦信裕さん、トライバルメディアハウスの池田紀行さん、編集者の奥井真紀子さん）、執筆のアドバイスをしてくださった編集者の中田雅久さん、素敵なブックデザインに仕上げてくださった伊丹弘司さん、いつも応援してくださる全ての皆様、そして何より、私たちSHIBUYA109およびSHIBUYA109 lab.の5年間の成果の一端を、一冊の書籍にまとめる機会を提供してくださったプレジデント社の桂木栄一さん、榛村光哲さんに心より感謝を申し上げます。

SHIBUYA109 lab.所長　長田麻衣

2023年3月

長田麻衣 Mai Osada

株式会社SHIBUYA109エンタテイメント SHIBUYA109 lab.所長。総合マーケティング会社にて、主に化粧品・食品・玩具メーカーの商品開発・ブランディング・ターゲット設定のための調査や、PRサポートを経て、2017年に株式会社SHIBUYA109エンタテイメントに入社。SHIBUYA109マーケティング担当としてマーケティング部の立ち上げを行い、2018年5月に若者研究機関「SHIBUYA109 lab.」を設立。現在は毎月200人の「around20」(15歳〜24歳の男女)と接する毎日を過ごしている。
Twitter : https://twitter.com/Shibuya109labO

若者の「生の声」から創る
SHIBUYA109式 Z世代マーケティング

2023年3月31日 第1刷発行

著者	長田麻衣
発行者	鈴木勝彦
発行所	株式会社プレジデント社 〒102-8641東京都千代田区平河町2-16-1 平河町森タワー13階 https://www.president.co.jp
電話	編集(03)3237-3732 販売(03)3237-3731
編集	桂木栄一 榛村光哲
編集協力	中田雅久
装丁	伊丹弘司
校正	聚珍社
DTP	株式会社キャップス
制作	関結香
販売	高橋徹 川井田美景 森田巌 末吉秀樹
印刷・製本	凸版印刷株式会社

ISBN 978-4-8334-2497-4
Printed in Japan
落丁・乱丁本はおとりかえします。